編みやすくて、フィット感抜群の

ベルンド・ケストラーのニット帽

ベルンド・ケストラーのデザイン 28

帽子はすぐに編めるので、友達や家族へのプレゼントにぴったりです。

私の故郷のドイツでは、冬がとても長く寒いので、毎年必ず帽子を編みました。

明るい色や楽しい柄の帽子があれば、心も弾みます。

日本に暮らすようになった今でも、毎年帽子を編んでいます。

何かを編もう、新しい編み方を試したいと思うとき、ゲージを取るかわりに帽子を編みます。

輪にして編み、最後に目数を減らして、帽子に仕立てます。

ゲージも取れて、帽子もでき上がり、一石二鳥です。

帽子は本当に気軽に編めるのです。

糸 ヤナギヤーン ブルームメロディ col.2

Contents

Earflaps

耳あてつきの帽子

帽子のサイズ調整をするには、編み目の目数や段数を増減する方法もありますが、
毛糸や編み針の太さを少し太いもの、細いものに変えるだけでも、より簡単に作りたいサイズに変えられます。
この大人用から幼児用のサイズの4点の帽子は、目数や段数は変えていません。
本書の他のデザインも、
もう少し大きめ（小さめ）に編みたい場合は、毛糸や編み針を表記のものより少し太い（細い）ものに変えてみてください。
目数や段数を変えなくても、毛糸や編み針の太さを変えることで簡単にサイズ調整ができます。
編み方→ P.55-57

No.1   No.2

大人ゆったりサイズ   大人ぴったりサイズ

No.3

No.4

子供サイズ

幼児サイズ

No.1 大人ゆったりサイズ　パピー／ブリティッシュエロイカ 針8号
No.2 大人ぴったりサイズ　パピー／ミュルティコ 針7号
No.3 子供サイズ　オリムパス／メイクメイクトマト 針7号
No.4 幼児サイズ　オリムパス／メイクメイクトマト 針5号

Earflaps

耳あてつきの帽子

表目と裏目だけなので、驚くほど簡単！
耳あての部分は、表目と裏目を規則的に編んでいくだけで、
自然に編めてしまいます。
自転車に乗るとき、スキーのときにも大活躍。
ポンポンは、好みでつけても。

編み方→ P.55-57

No.5

No.6

No.3

No.4

Spiral Bofura

スパイラル・ボフラー

子供用に帽子とマフラーが
一体となったデザインを考えました。
No.7は私の最初の本
「ベルンド・ケストラーのスパイラルソックス」で
紹介した、スパイラル模様を、長く編み続けました。
表目と裏目だけで編むので、
段染めの毛糸がよくはえます。

編み方→ P.58

No.7

No.8

No.9

No.10

Cable

縄編みの帽子とベレー帽

これは上から編む「トップダウン」のデザインです。
帽子のてっぺんから編み始め、
ちょうどよいサイズになったら目を止めるだけで、
自分にぴったりのサイズが編めます。
私の本「ベルンド・ケストラーのミトン」で
紹介したミトンも似ている模様なので、
帽子とセットで編んでみてください。
編み方→ 帽子P.60、ベレー帽P.61

No.11

縄編み模様のミトン　参考作品
(「ベルンド・ケストラーのミトン」P.41 No.44参照)

Galaxy Hat

渦巻き模様の帽子

クンスト編みと呼ばれる、
ドイツのレース編みの技法を応用しました。
かけ目と2目一度で流れるような模様になります。

編み方→ P.59

No.13

No.12

Galaxy Beret & Snood

渦巻き模様のベレー帽＆スヌード

流れるようなラインが見えるように、
単色、または長いピッチの段染めの糸がおすすめです。
スヌードとセットで編んでみてください。

編み方→ ベレー帽P.63、スヌードP.64-65

No.14
No.15

No.16

No.17

Aster Stitch

アスタースティッチの帽子

全体に模様を入れてふんわりかぶっても、
上と下の部分をゴム編みにして、
心地よくフィットさせても素敵です。
男性にもかぶりやすい色にしました。
私は今までの著書で、この模様で
ネックウェアを編んでいます。

編み方→ P.66-68

No.18

No.19

Trinity Beret

ボッブル模様のベレー帽

私のお気に入りの「トップダウン」の編み方で、
ベレー帽のてっぺんから編み始め、
ちょうどよいサイズまで編んで目を止めるだけ。
私の著書「ベルンド・ケストラーのミトン」でも
紹介した「ボッブル模様」は
ベレー帽にしてもとてもはえます。

編み方→ P.83-84

No.20

Trinity Hat

ボッブル模様の帽子

大人用サイズとして編みましたが、
かなり伸縮性があるので、
子供にもよくフィットします。
No.22は子供用として深さの段数を減らしています。
トップのタブを長く編んで結び、ポイントに。

編み方→ P.85

No.21

No.22

Honey comb

はちの巣模様の帽子

誰にでも似合うクラシックな模様なので、
家族や友達へのプレゼントにぴったりです。
編み地に厚みが出る模様なので、
とても暖かいです。

編み方→ P.62

No.23

No.24

Half & Half

ハーフ＆ハーフ

気分によって好きな色と模様を
前にしたり、後ろにしたり、横にしたり……
かぶり方でガラリとイメージが変わる楽しい帽子です。
どちらかひとつの模様で、
編んでもよいでしょう。
編み方→ P.78-80

No.25

No.26

Flying Swallow

つばめ模様の帽子＆スヌード

単色と段染めの2種類の糸で編んだ、お気に入りの模様です。
帽子を編む前にスヌードで練習するとよいでしょう。
No.29は少し太めの糸で編んでいるので模様がはっきり見えます。

編み方→ スヌードP.70-71、帽子P.72

No.27
No.28

No.29

Brioche

両面イギリスゴム編みのふんわり帽子

No.30は単色で、No.31とNo.32は、
2種類の糸を組み合わせて美しい模様に仕上がります。
目数を増やさず、ただ真っ直ぐ編むだけでもベレー帽っぽい形になります。

編み方→ P.74-75

No.30

No.31

No.32

Brioche

両面イギリスゴム編みのふんわり帽子

段染めと単色を組み合わせると
表側と裏側で雰囲気が変わります。
左ページは表側、
右ページは裏側の編み地です。
リバーシブルでも楽しめます。

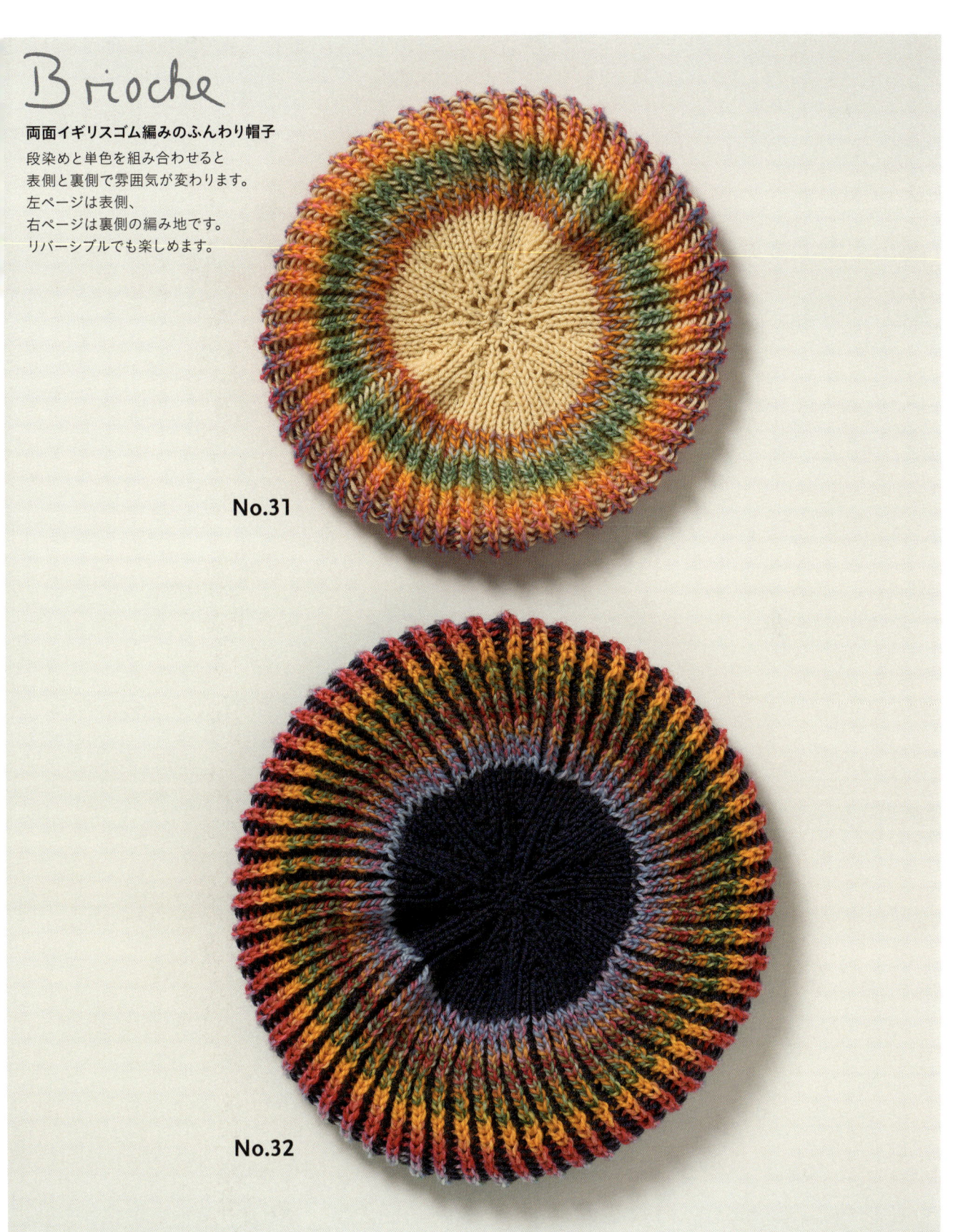

No.31

No.32

No.33

No.34

Yosefine

ヨセフィーネ模様の帽子

2目一度とかけ目の組み合わせを規則的に編んでいくと、
流れるような美しい模様になります。

編み方→ P.69

No.35

Wicker work

枝編み模様の帽子

かぶりやすく、
心地よくフィットするので愛用しています。
枝のような細かい模様が見えるように、
単色で編んでください。

編み方→ P.73

No.36

ベリー模様の帽子

上から下まで赤いベリーがぎっしり詰まったようなデザインです。
かぶると気分もアップします。
No.37は編み針を細くして女性サイズに。

編み方→ P.76-77

No.37

No.38

Drop Stitch Hat & Snood

ドロップスティッチ模様の帽子 & スヌード

編み地の表側と裏側で模様が全く違って見える、
リバーシブルで使える模様です。
ひとつ編めば、ふたつ編んだ気分に。
大きなファーのポンポンをつけて個性的に。

編み方→ P.82-83

No.39
No.40

No.39

ドロップスティッチ模様の表側（上）、裏側（下）

No.41

Spiky

スパイキー模様の帽子

私のトレードマークとも言える
トゲトゲが特徴のスパイキー模様。
私の著書のスパイラルソックスや
ミトンでも紹介しましたが、
帽子にも応用して、子供ゴジラの完成！
No.41は色違い。
編み方→ P.81

No.42

ミトンとネックウォーマーは参考作品です。
「ベルンド・ケストラーのミトン」のP.30 No.26、No.27を参照してください。

No.43

Old Shale

オールドシェール模様のふんわり帽子

この模様は初心者でもすぐにマスターできて、
ちょっとベレー帽っぽい、
かぶりやすい帽子です。
単色の毛糸でも段染めの毛糸でも、
美しく編み上がります。
No.45は、細い糸と針で幼児サイズに。
編み方→ P.86-87

No.44
No.45

Owl

ふくろう模様の帽子

とても簡単なケーブル編みで作れます。
目の部分に、ベビー服用のボタンをつけると、
よりふくろうっぽく見えます。
P.47はボタンを1羽分だけつけました。

編み方→ P.88

No.46

No.47

No.48

Royal Hat

ロイヤルハット

誰でも一度は、王子様や王女様になってみたいと思うでしょう。
子供のために、簡単に編める王冠の帽子を考えました。
王冠の部分だけを編んで、ヘアーバンドとしても使えます。

編み方→ P.89

パピー　ブリティッシュエロイカ　ウール100%　50g＝83m

パピー　ミュルティコ　ウール75%　モヘア　25%　40g＝80m

パピー　シェットランド　ウール100%　40g＝90m

パピー　プリンセスアニー　ウール100%　40g＝112m

パピー　レッチェ　ウール90%　モヘア10%　40g＝160m

オリムパス　メイクメイク　ウール90%　モヘヤ10%　25g＝62m

オリムパス　メイクメイクトマト　ウール90%　モヘヤ10%　25g＝65m

オリムパス　ツリーハウス パラス　ウール100%　40g＝104m

オリムパス　ツリーハウス ベリーズ　ウール60%　アクリル27%　アルパカ10%
　　　　　　　　　　　　　　　　　レーヨン3%　40g＝90m

DARUMA　ギーク　ウール56%　ポリエステル30%　アルパカ14%　30g＝70m

DARUMA　シェットランドウール　ウール100%　50g＝136m

スキー　タスマニアンポロワース　ウール100%　40g＝134m

ヤナギヤーン　恋する毛糸合太　ウール100%　40g＝120m

ヤナギヤーン　Bloom（ブルーム）　ウール80%　シルク20%　50g＝115m

SCHOPPEL ZAUBERBALL WOOL（ショッペル・ザウバーボールウール）
　　　　　　　　　　　　　ウール100%　100g＝250m

SCHOPPEL GRADIENT（ショッペル・グラディエント）　ウール100%　100g＝260m

SCHOPPEL EDITION3（ショッペル・エディション3）　ウール100%　50g＝150m

SCHOPPEL LIFE STYLE（ショッペル・ライフスタイル）　ウール100%　50g＝155m

帽子を編むのに必要な用具

帽子は輪に編むことが多いので、5本か4本の棒針が必要です。
1本は編み進む針、他の4〜3本の針に編み目を分けて通します。
編み目の数によって使い分けましょう。
帽子のサイズに合わせた輪針を使うのも編みやすいです。

A 棒針　5本または4本あれば輪に編めます。

B 棒針キャップ　せっかく編んだ編み目が棒針から抜けないように、針先につけておくと安心です。

C 輪針　編み目の目数が多いときは、輪針の方が編みやすいです。帽子は40cmか60cmのものが使いやすいでしょう。

D とじ針　トップの目を絞るとき、編み地をとじ合わせるとき、糸始末などに使います。

E 目数リング　輪針で編むときは編み始めの目の位置や、目数がわかるように針に通しておきます。

F 段数リング　編み目に引っかけて、段数や編み始めの目の位置の目印にします。

G 縄編み針　縄編みや交差編みを編むときに目を休めておくのに使います。

How to cast on and increase stitches.

この本の帽子を編むのに必要な基本のテクニックをご紹介します。

伸縮性のある作り目

帽子のかぶり口やソックスの履き口などに向いています。
「一般的な作り目」と似ていますが、5、6の針をくぐらせるところが違います。
糸端側に作り目に必要な長さの糸をあらかじめ残しておいてから作り始めます。
必要な糸の長さの目安は、編みたい長さの4〜5倍です。短いと糸が足りなくなってやり直しになるので、
慣れるまでは、少し長めに用意しましょう。

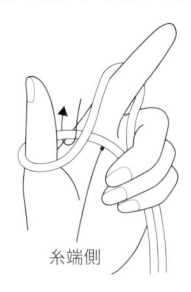

糸端側

1
図のように糸を指にかけ、針を矢印のように入れる

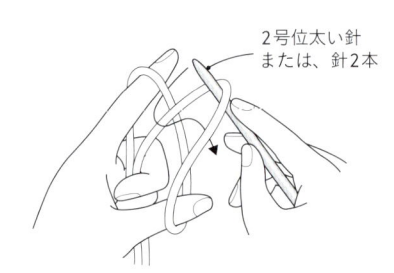

2号位太い針
または、針2本

2
人指し指の糸をかけ、親指側にできている輪にくぐらせる

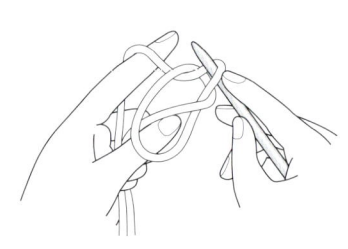

3
親指にかかっている糸をはずす

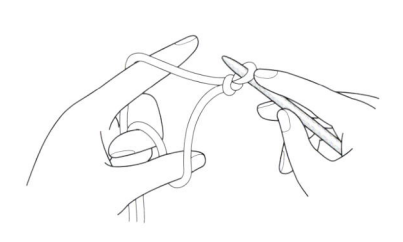

4
糸端側の糸を親指にかけて引く。
1目めになる

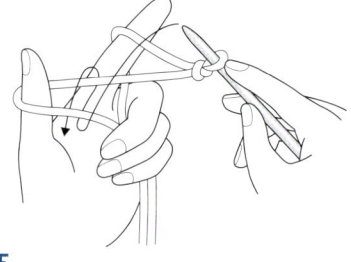

5
右の人指し指で目を押さえ、矢印のように親指にかかっている糸2本の下に針を入れ、親指の向こう側にかかっている糸を、親指の手前側にかかっている糸の下から引き出す

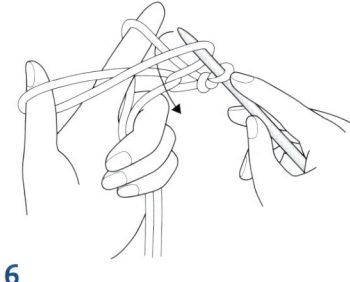

6
人指し指の糸をかけながら、輪にくぐらせる

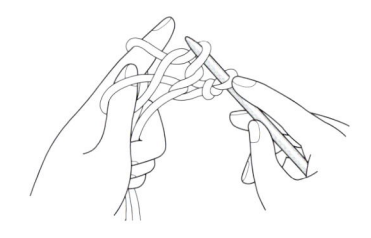

7
親指の糸をはずす

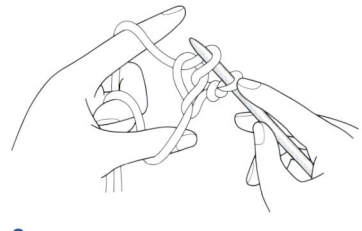

8
親指に糸をかけて引く。5〜8を繰り返して必要目数作る

糸端側

9
でき上がり（10目作ったところ）
作り目は表目1段になる

KFBの増し目

 ※この記号は、この本独自のものです。

1

手前から針を入れて糸をかける

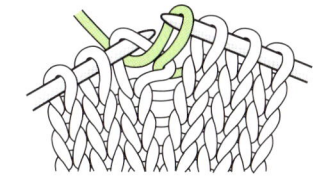

2

糸を引き出し、表目を1目編む。左針は抜かずにそのままにする

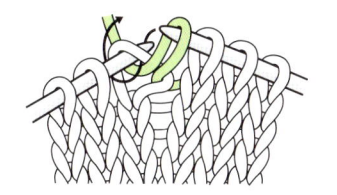

3

矢印のように右針を入れる

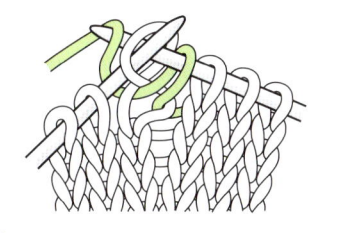

4

糸をかけて引き出して表目を1目編む

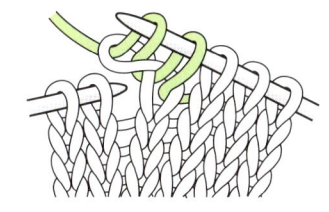

5

1目から2目編み出したところ

How to bind off

アイスランディック止め

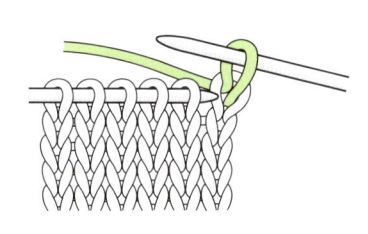

1

表目を1目編む

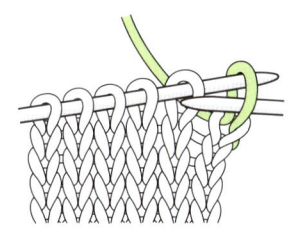

2

1で編んだ目を左針に戻し、1目めに右針を差し入れ、次の目に表目を編むように右針を入れる

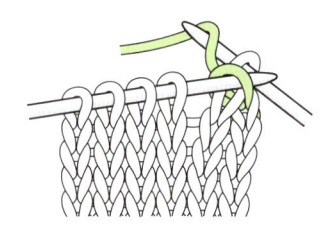

3

1目めの中を通して引き出し、糸をかける

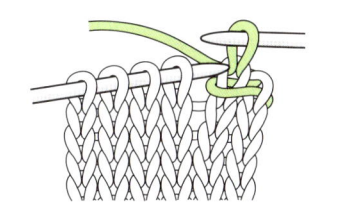

4

表目を編む。1目減った

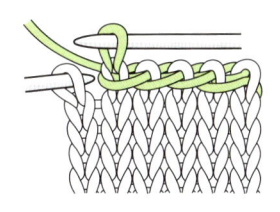

5

2〜4を繰り返して必要目数減らしながら目を止める

Pom Pom ポンポンの作り方

毛糸の無駄が少なく、簡単できれいに仕上がります。
自宅にあるティッシュボックスの厚紙などを使って、好きな大きさの円を書いて作りましょう。

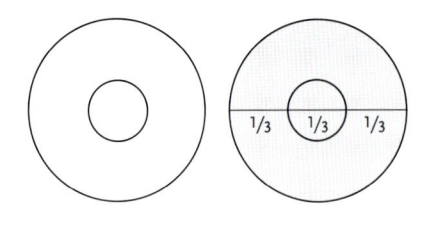

1 厚紙に作りたいポンポンの大きさの円を書き、中央に⅓の円を書いて切り抜きます。これを2枚作ります

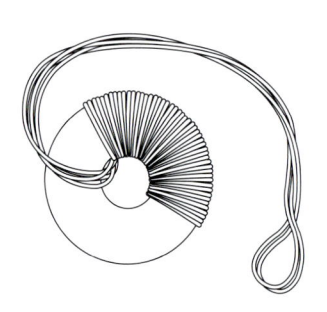

2 1の厚紙2枚を重ねて、4本どり位にした糸を、端からきっちりと巻きつけます

3 中央の穴がふさがる位を目安に巻きつけます。穴が小さくなったら、糸をとじ針に通して巻きつけます

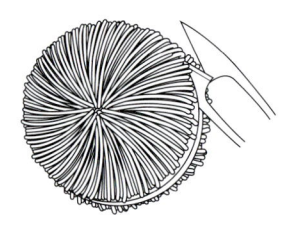

4 厚紙の間にはさみの刃先を入れるようにし、糸を少しずつ切ります

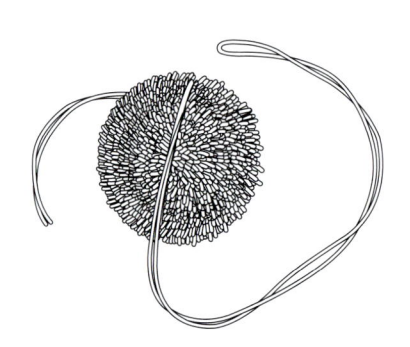

5 厚紙の間に2本どりにした糸を通してしっかり結びます

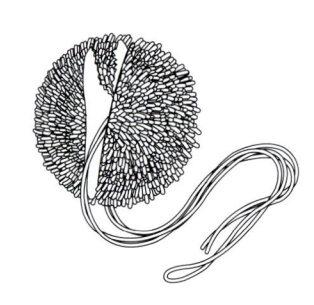

6 厚紙を破いてはずします

7 飛び出ている毛先を切って、形を整えます

Earflaps Bofura

耳あてつきの帽子 & 耳あてつきボフラー No.1, No.2, No.3, No.4, No.5, No.6, No.8

→ P.6-9, 11

表目と裏目の模様編みが作り出すフォルムが、自然に耳あての形になります。
同じ目数、段数でも、糸の太さや棒針の太さを変えて、自分サイズに。
No.8は、1目ゴム編みのシンプルなマフラーを続けて編んで『ボフラー』と名付けました。

糸 … No.1 パピー　ブリティッシュエロイカ　グレー(146) 95g
　　　No.2 パピー　ミュルティコ　ピンク、グリーン系の段染め(576) 65g
　　　No.3 オリムパス　メイクメイクトマト　ブルーグリーン白の段染め(207) 50g
　　　No.4 オリムパス　メイクメイクトマト　ピンク、グリーン白の段染め(206) 45g
　　　No.5 パピー　ミュルティコ　ピンク、ベージュ系の段染め(573) 60g
　　　No.6 パピー　ミュルティコ　ピーコック、グリーン系の段染め(574) 65g
　　　No.8 オリムパス　メイクメイク　ピンク、ブルーグリーンの段染め(27) 125g

針 … No.1 8号5本棒針、輪針
　　　No.2、No.3、No.5、No.6　7号5本棒針、輪針
　　　No.4 5号5本棒針、輪針
　　　No.8 6号5本棒針、輪針

用具 … 棒針キャップ　とじ針

ゲージ … 模様編みNo.1 20目、24段が10cm角
　　　　　No.2、No.5、No.6　22目、27.5段が10cm角
　　　　　No.3、No.8　23目、30段が10cm角
　　　　　No.4 26.5目、33段が10cm角

でき上がり寸法…
　　　No.1 頭周り48cm　深さ27.5cm
　　　No.2、No.5、No.6　頭周り44cm　深さ24cm
　　　No.3 頭周り42cm　深さ22cm
　　　No.4 頭周り36cm　深さ20cm
　　　No.8 頭周り42cm　長さ88cm

○ 編み方
伸縮性のある作り目(P.52参照)
で96目作り目をして輪にし、
模様編みで図のように減らし目
をしながら66段編みます。
No.8は、60段めまで同様に編み
ます。続けてマフラー部分の48
目を1目ゴム編みで199段編み、
★の減らし目をしながら5段編
みます。
編み終わりの6目に糸を通して
絞ります。
No.3は直径3cm、No.5、No.6、
No.8は直径4cmのポンポンを作
り(P.54参照)、つけます。

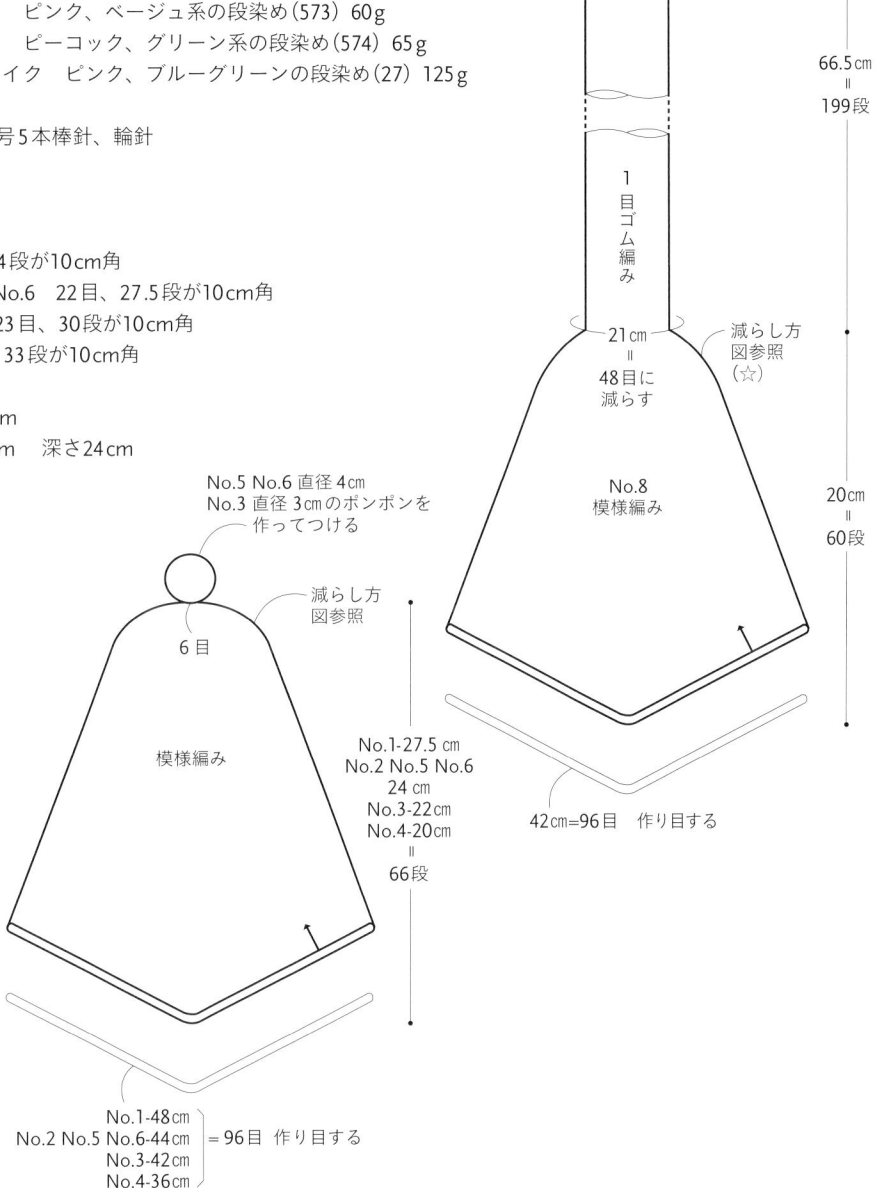

直径4cmのポンポンを
作ってつける

減らし方図参照（★）

6目

1.5cm＝5段

66.5cm＝199段

1目ゴム編み

21cm＝48目に減らす

減らし方図参照（☆）

No.8 模様編み

20cm＝60段

42cm＝96目　作り目する

No.5 No.6 直径4cm
No.3 直径3cmのポンポンを作ってつける

6目

減らし方図参照

模様編み

No.1-27.5cm
No.2 No.5 No.6 24cm
No.3-22cm
No.4-20cm
66段

No.1-48cm
No.2 No.5 No.6-44cm
No.3-42cm
No.4-36cm
＝96目　作り目する

模様編み 記号図と減らし方

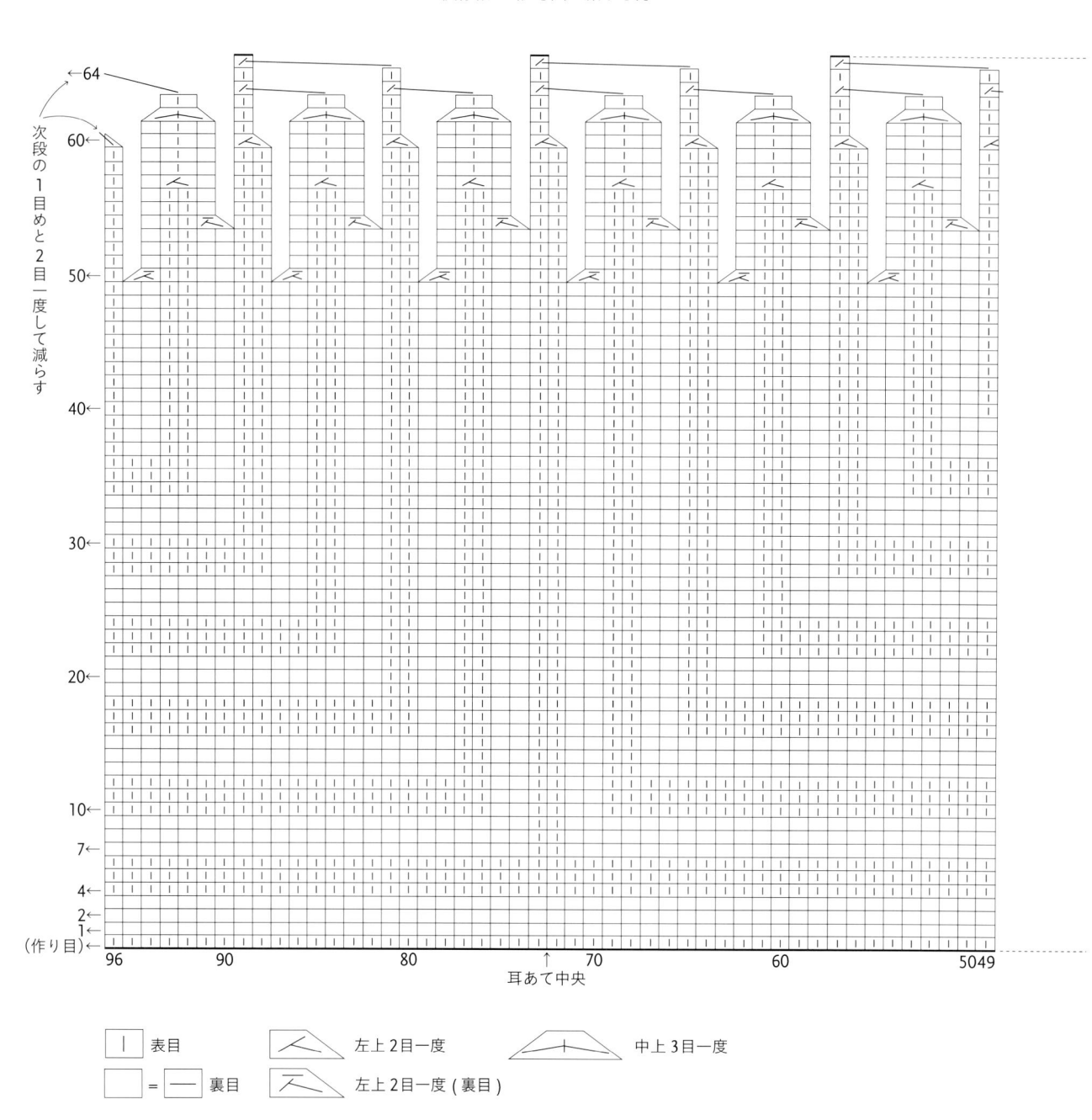

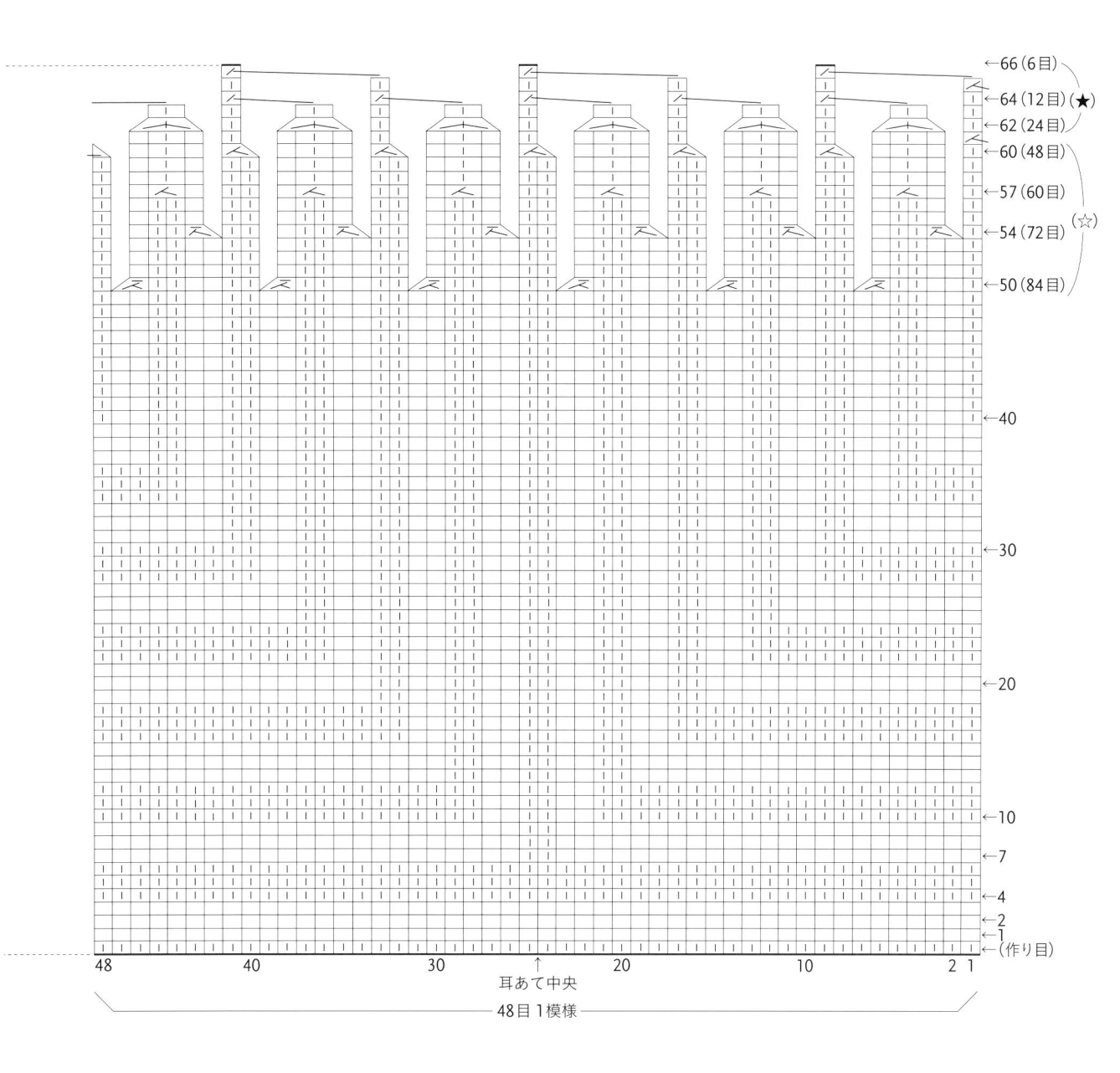

←66 (6目)
←64 (12目) (★)
←62 (24目)
←60 (48目)
←57 (60目)
←54 (72目) (☆)
←50 (84目)

←40

←30

←20

←10
←7
←4
←2
←1
←(作り目)

48　　　　40　　　　30　　　　　20　　　　　10　　　2 1

耳あて中央

48目 1模様

Spiral Bofura

スパイラル・ボフラー No.7 → P.10

「スパイラルソックス」と同じ模様をアレンジしてボフラーに。

糸 … ショッペル　ザウバーボールウール
　　　ピンクブルーグリーン系の段染め（2357）155g
針 … 5号5本棒針、輪針
用具 … 棒針キャップ　とじ針
ゲージ … スパイラル模様　23目、29段が10cm角
でき上がり寸法 … 頭周り42cm　長さ100cm

○編み方
伸縮性のある作り目（P.52参照）で96目作り目をして輪にし、
1目ゴム編みを14段編み、15段めは表目で編み、かぶり口
の折り返し位置を作り、続けて1目ゴム編みを14段編みま
す。表目で1段編み、続けて表目4目×裏目4目のスパイラル
模様で図のように減らし目をしながら29段めまで編みます。
続けてマフラー部分を表目4目×裏目2目のスパイラル模様
で240段編み、図のように減らし目をします。編み終わりの
12目に糸を通して絞ります。
直径4cmのポンポンを作り（P.54参照）、つけます。

スパイラル模様 記号図と減らし方

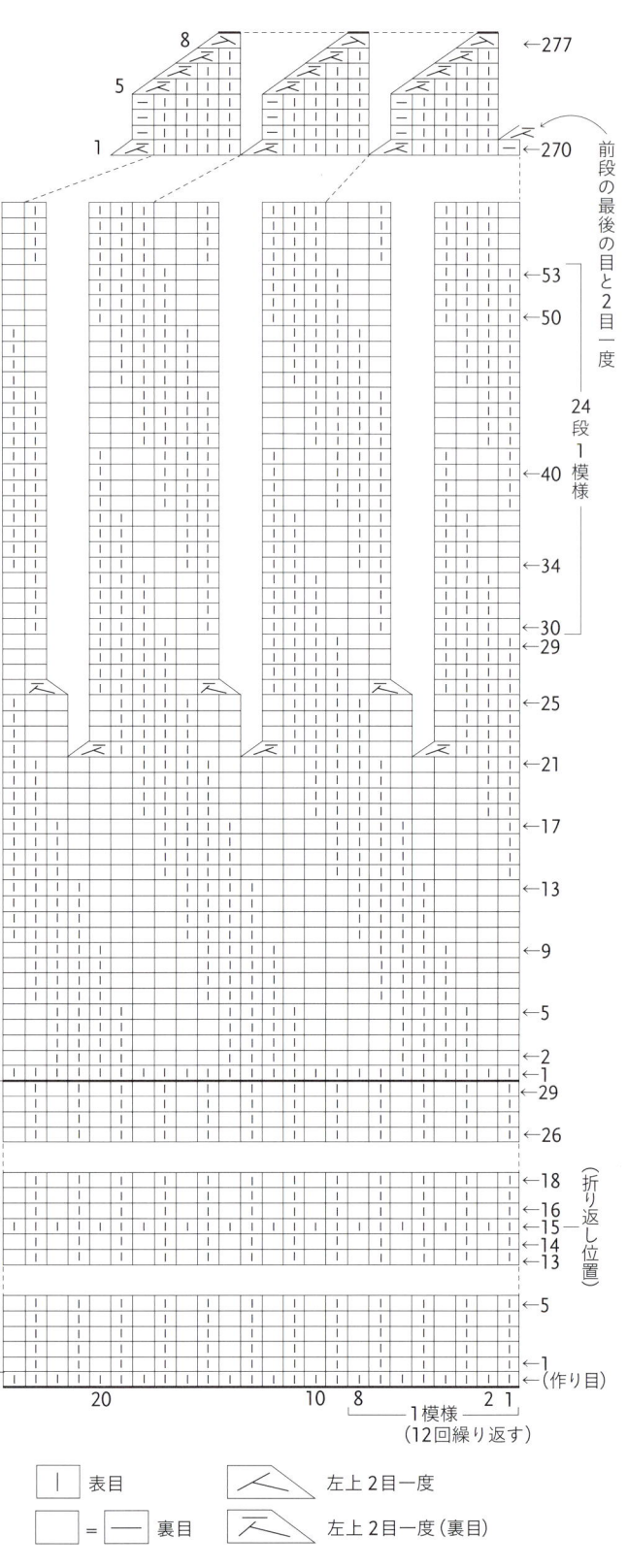

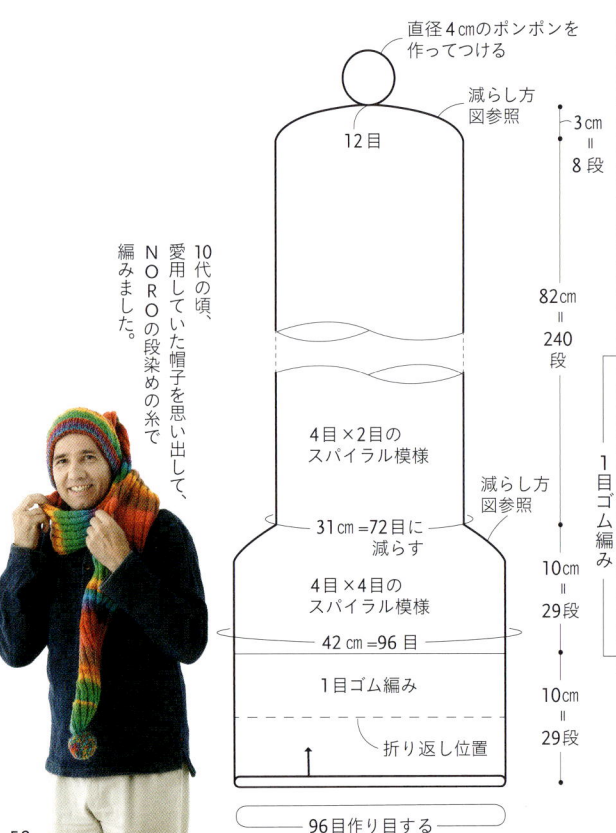

直径4cmのポンポンを
作ってつける

減らし方
図参照

12目

3cm
＝
8段

82cm
＝
240段

4目×2目の
スパイラル模様

31cm=72に
減らす

減らし方
図参照

4目×4目の
スパイラル模様

42cm=96目

1目ゴム編み

折り返し位置

96目作り目する

10cm
＝
29段

10cm
＝
29段

10代の頃、愛用していた帽子を思い出して、NOROの段染めの糸で編みました。

	表目		左上2目一度
	裏目		左上2目一度（裏目）

Galaxy Hat

2目一度とかけ目が作り出す、太いねじれ模様が特徴。

糸 … DARUMA　ギーク55g　No.12ブルー×クロムイエロー(2)　No.13ウグイス×サンゴ(1)
針 … 6号5本棒針、輪針
用具 … 棒針キャップ　とじ針
ゲージ … 模様編み 20目、28段が10cm角
でき上がり寸法 … 頭周り52cm　深さ20cm

◎ 編み方
伸縮性のある作り目(P.52参照)で96目作り目をして輪にし、2目ゴム編みを10段編み、11段めは表目を編み、かぶり口の折り返し位置を作り、さらに2目ゴム編みで21段めまで編みます。続けて模様編みで増減目をしながら図のように24段めまで編みます。続けて図のように減らし目をします。編み終わりの8目に糸を通して絞ります。直径4cmのポンポンを作って(P.54参照)、つけます。

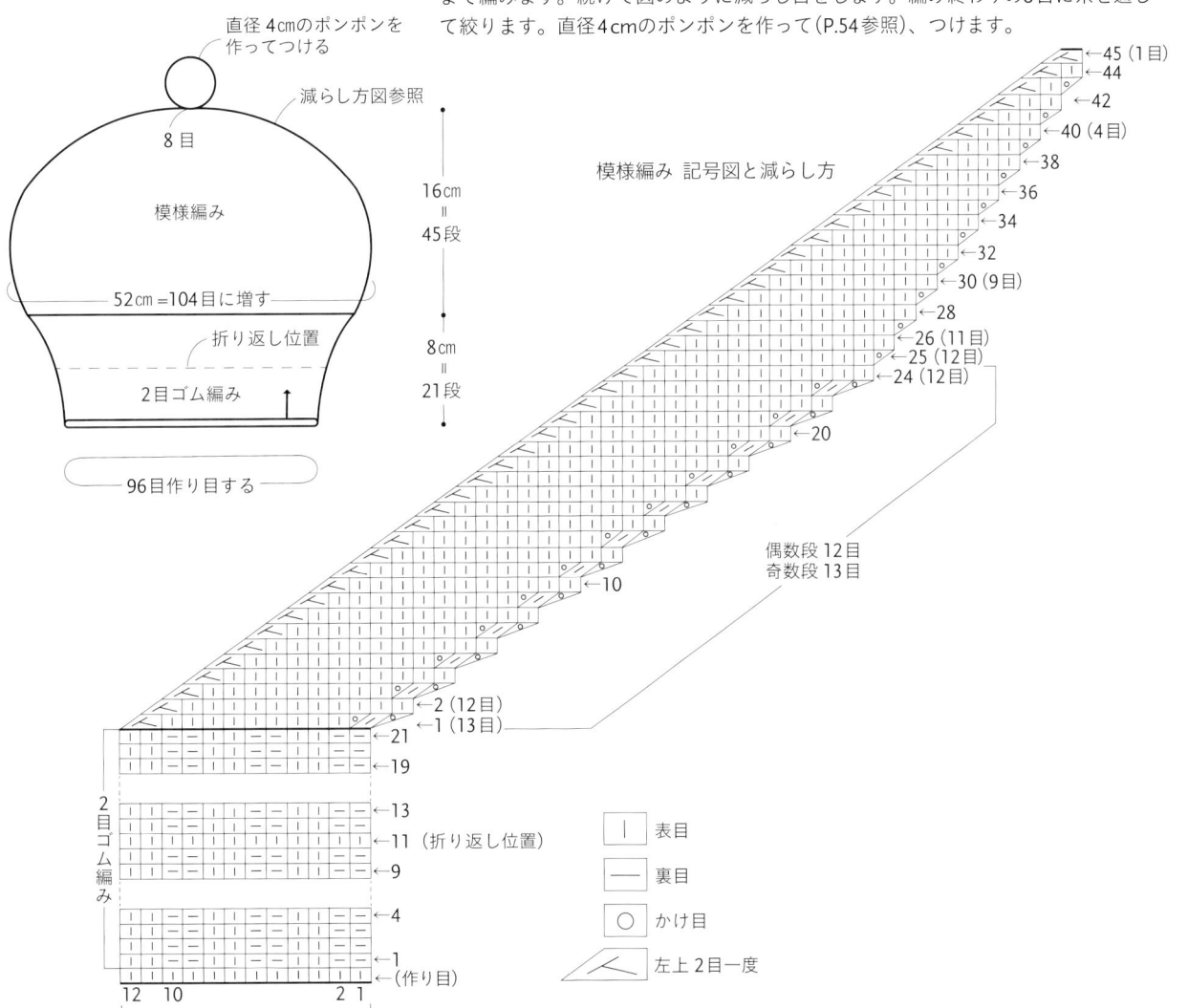

直径4cmのポンポンを作ってつける

減らし方図参照

8目

模様編み

52cm =104目に増す

折り返し位置

2目ゴム編み

96目作り目する

16cm = 45段

8cm = 21段

模様編み 記号図と減らし方

←45 (1目)
←44
←42
←40 (4目)
←38
←36
←34
←32
←30 (9目)
←28
←26 (11目)
←25 (12目)
←24 (12目)
←20
←10

偶数段 12目
奇数段 13目

←2 (12目)
←1 (13目)

2目ゴム編み

←21
←19
←13
←11 (折り返し位置)
←9
←4
←1
(作り目)

	表目
—	裏目
○	かけ目
	左上2目一度

12　10　　　　2　1
1模様 (8回繰り返す)

縄編みの帽子 No.9 → P.12

上からかぶり口に向かって、増し目をしながら編み進みます。
増減なく編む段を加減すると帽子の深さをアレンジできます。

糸 … スキー毛糸　タスマニアンポロワース　カーキ色(7021)　45g
針 … 3号5本棒針、輪針
用具 … 棒針キャップ　とじ針　縄編み針
ゲージ … 模様編み　27.5目、42段が10cm角
でき上がり寸法 … 頭周り52cm　深さ19cm

○ 編み方
伸縮性のある作り目(P.52参照)で8目作り目をして輪にし、表目で9
段輪にタブを編みます。続けて、図のようにKFBの増し目(P.53参照)
をしながら模様編み(縄編みとかのこ編み)で68段めまで輪に編みま
す。続けて、図のように、かぶり口を縄編みと1目ゴム編みで12段
輪に編み、アイスランディック止め(P.53参照)をします。

模様編み　記号図と増し方

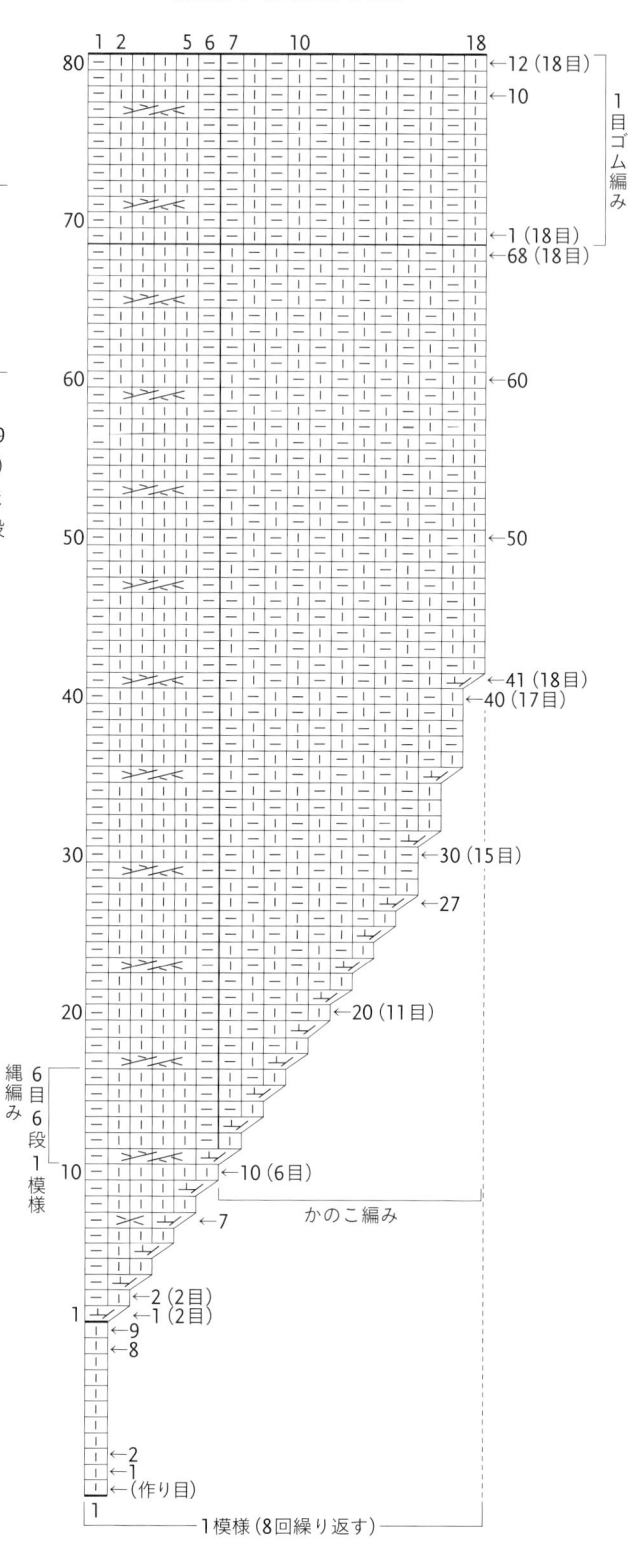

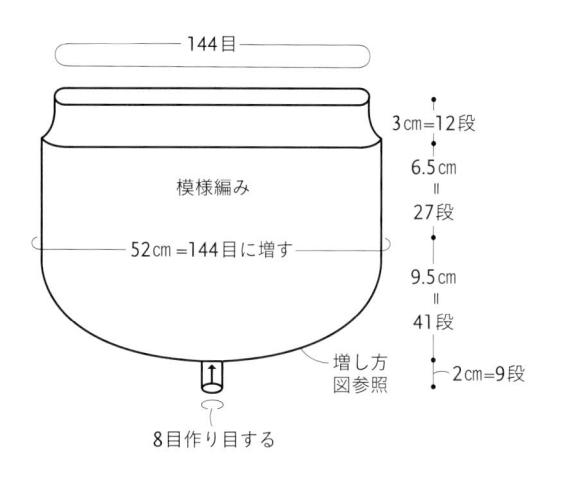

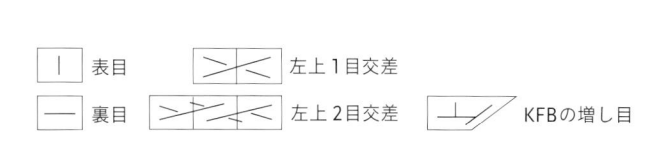

	表目		左上1目交差
	裏目		左上2目交差
			KFBの増し目

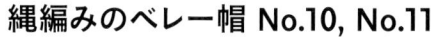

Cable

縄編みのベレー帽 No.10, No.11
→ P.12-13

8本の流れるような縄編み模様と
かのこ編みのベレー帽。

糸 … スキー毛糸　タスマニアンポロワース　55g
　　　No.10 グレー(7003)　No.11 生成り(7002)
針 … 3号5本棒針、輪針
用具 … 棒針キャップ　とじ針　縄編み針
ゲージ … 模様編み　27.5目、42段が10cm角
でき上がり寸法 … 頭周り49.5cm　深さ20cm

○ 編み方
伸縮性のある作り目(P.52参照)で8目作り目をし
て輪にし、表目で9段輪にタブを編みます。
続けて図のように、KFBの増し目(P.53参照)をし
ながら模様編み(縄編みとかのこ編み)で51段めま
で輪に編み、増減なく5段編み、57段めからは図
のように、減らし目をしながら編みます。続けて、
かぶり口を縄編みと1目ゴム編みで12段輪に編み、
アイスランディック止め(P.53参照)をします。

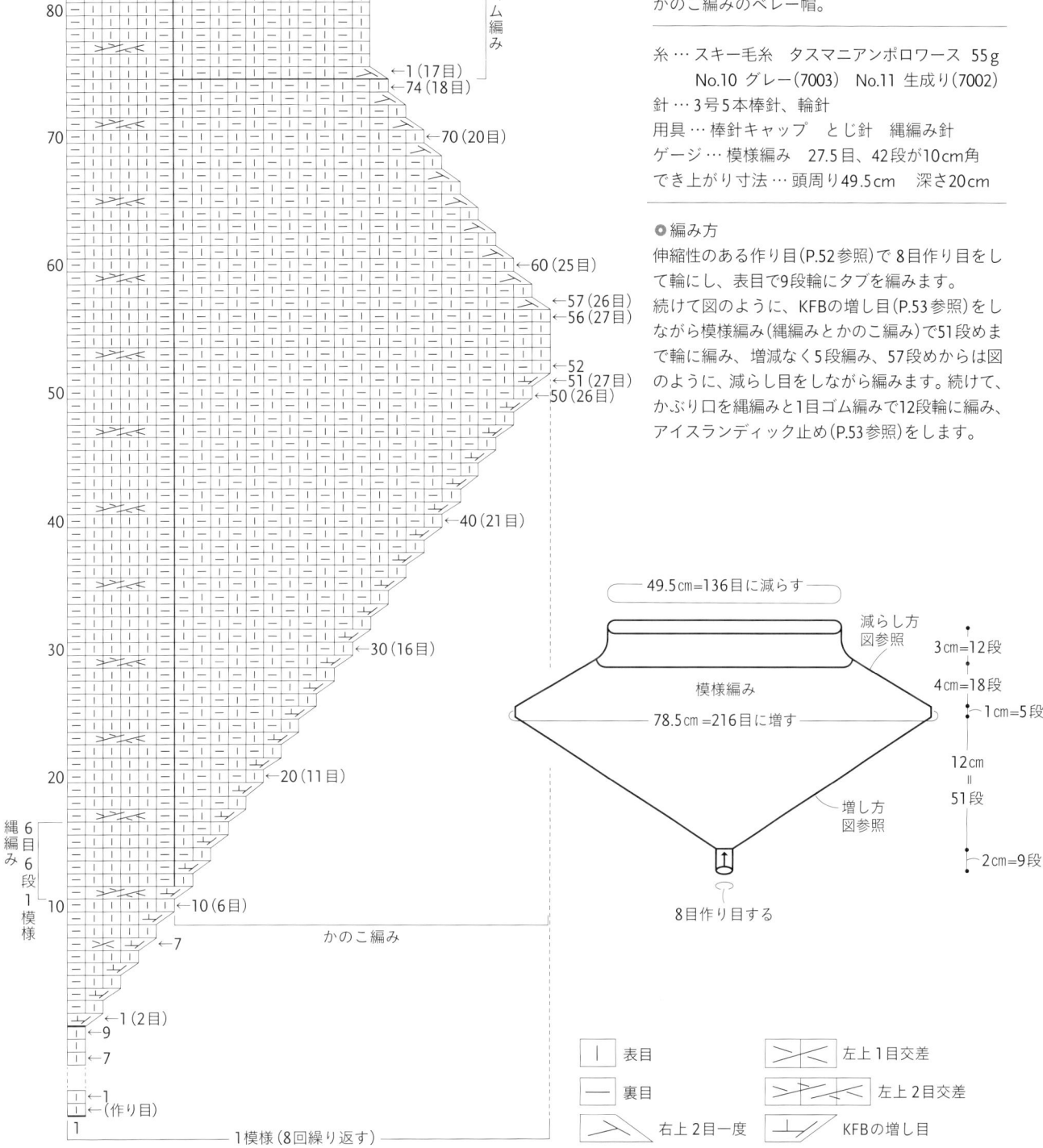

模様編み 記号図と増し方と減らし方

	表目
	裏目

左上1目交差
左上2目交差
右上2目一度
KFBの増し目

Honey comb

はちの巣模様の帽子 No.23, No.24 → P.24-25

はちの巣のような模様が特徴的な、交差編みで作るアラン模様の一種。

糸 … No.23 パピー　ブリティッシュエロイカ　ベージュ(134) 90g　No.24 パピー　シェットランド　からし色(2) 55g
針 … No.23 10号 5本棒針、輪針　No.24 5号 5本棒針、輪針
用具 … 棒針キャップ　とじ針　縄編み針
ゲージ … 模様編み No.23 24目、28段が10cm角　No.24 30目、31段が10cm角
でき上がり寸法 … No.23 頭周り50cm　深さ21.5cm
　　　　　　　　　No.24 頭周り40cm　深さ19cm

○ 編み方
伸縮性のある作り目(P.52参照)で100目作り目をして輪にし、1目ゴム編みで5段編みます。続けて図のように1段めでねじり増し目で120目に増し、模様編みで33段めまで増減なく編みます。続けて、図のように減らし目をしながら模様編みで53段めまで編みます。編み終わりの10目に糸を通して絞ります。直径4cmのポンポンを作って(P.54参照)、つけます。

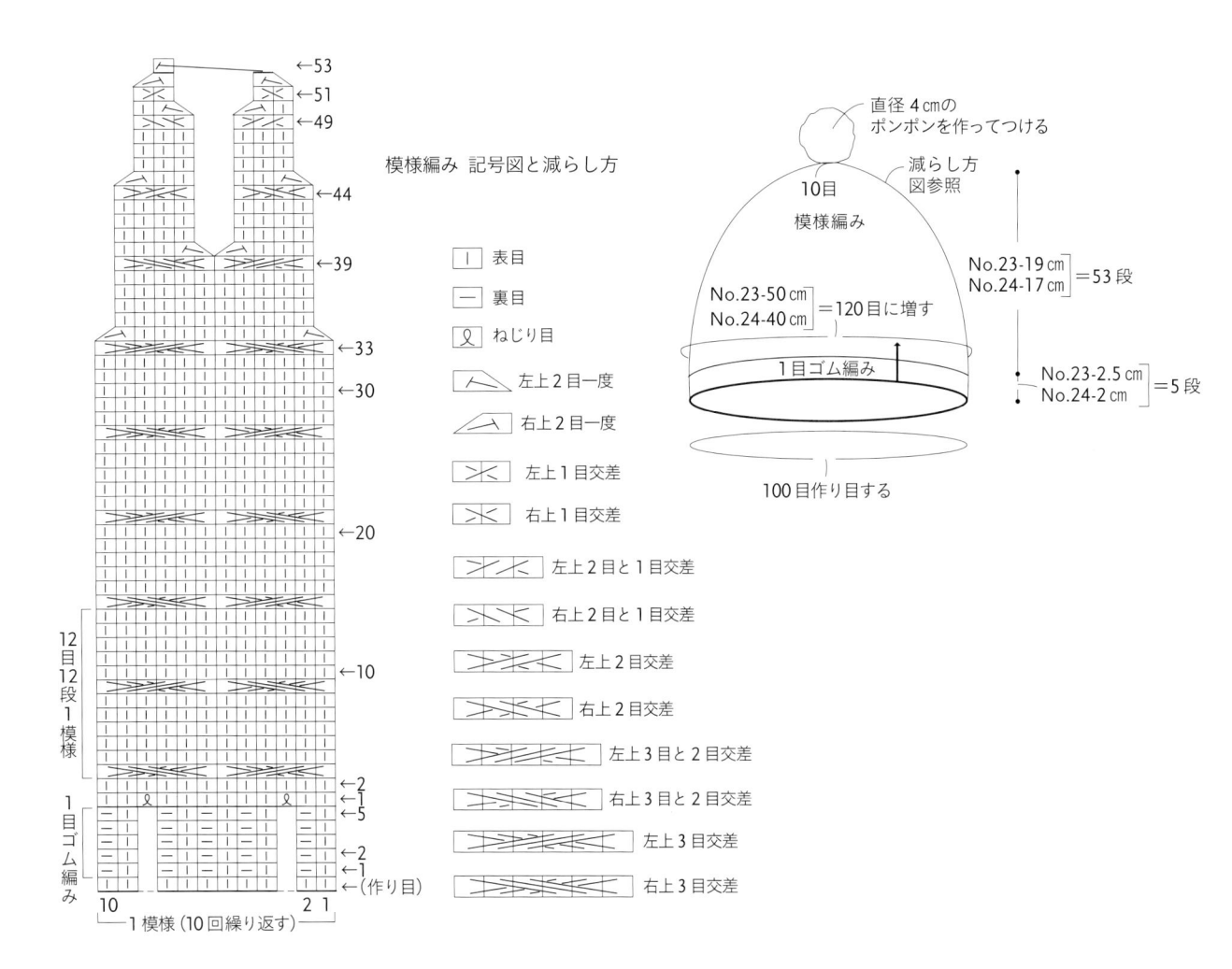

模様編み　記号図と減らし方

I	表目	
—	裏目	
♀	ねじり目	
	左上2目一度	
	右上2目一度	
	左上1目交差	
	右上1目交差	
	左上2目と1目交差	
	右上2目と1目交差	
	左上2目交差	
	右上2目交差	
	左上3目と2目交差	
	右上3目と2目交差	
	左上3目交差	
	右上3目交差	

直径4cmのポンポンを作ってつける

10目　模様編み

減らし方図参照

No.23-50cm／No.24-40cm ＝120目に増す

No.23-19cm／No.24-17cm ＝53段

1目ゴム編み

No.23-2.5cm／No.24-2cm ＝5段

100目作り目する

12目12段1模様

1目ゴム編み

1模様(10回繰り返す)

Galaxy Beret

渦巻き模様のベレー帽 No.14, No.16 → P.16-17

No.15のスヌードとお揃いの2目一度とかけ目の模様のベレー帽。

糸 … ショッペル　グラディエント　75g
　　　No.14　ダークピンク系(2246)　　No.16　ブルー系(2198)
針 … 7号5本棒針、輪針
用具 … 棒針キャップ　とじ針
ゲージ … 模様編み　18.5目、28.5段が10cm角
でき上がり寸法 … 頭周り52cm　深さ26cm

◍ 編み方
伸縮性のある作り目(P.52参照)で96目作り目をして輪にし、
2目ゴム編みで20段編みます。続けて模様編みで増減目をし
ながら図のように編み、編み終わりの8目に糸を通して絞り
ます。
No.14は直径4cm、No.16は直径5cmのポンポンを作って(P.54
参照)、つけます。

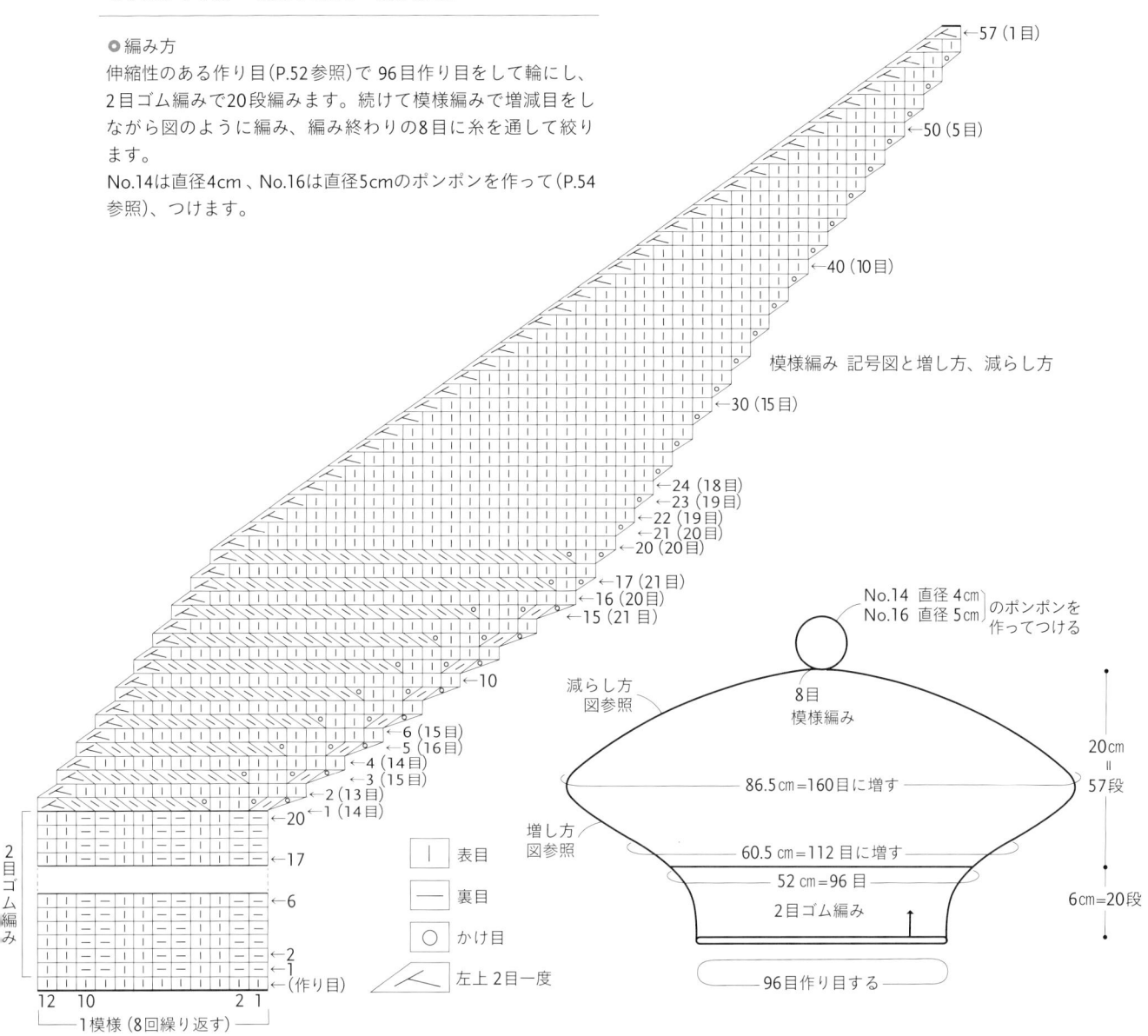

模様編み　記号図と増し方、減らし方

Ｉ	表目
─	裏目
○	かけ目
╱	左上2目一度

2目ゴム編み
1模様(8回繰り返す)

No.14　直径 4cm
No.16　直径 5cm のポンポンを作ってつける

減らし方図参照
8目
模様編み
増し方図参照

86.5cm=160目に増す
60.5cm=112目に増す
52cm=96目
2目ゴム編み

96目作り目する

20cm＝57段
6cm=20段

57(1目)
50(5目)
40(10目)
30(15目)
24(18目)
23(19目)
22(19目)
21(20目)
20(20目)
17(21目)
16(20目)
15(21目)
10
6(15目)
5(16目)
4(14目)
3(15目)
2(13目)
1(14目)
20
17
6
2
1
(作り目)

Galaxy Snood

渦巻き模様のスヌード No.15 → P.16

No.14とお揃いのスヌード。
同じ要領で増し目をすると、もっと丈を長くすることもできます。

糸…ショッペル　グラディエント　ダークピンク系(2246) 170g
針…7号5本棒針、輪針
用具…棒針キャップ　とじ針
ゲージ…模様編み　18.5目、28.5段が10cm角
でき上がり寸法…首周り52cm　丈47cm

◉ 編み方
伸縮性のある作り目(P.52参照)で96目作り目をして輪にし、ガーター編みで6段
編み、続けて図のように模様編みで72段めまで編みます。図のように増し目をし
ながら122段めまで編みます。続けて、ガーター編みで6段編み、編み終わりは、
アイスランディック止め(P.53参照)をします。

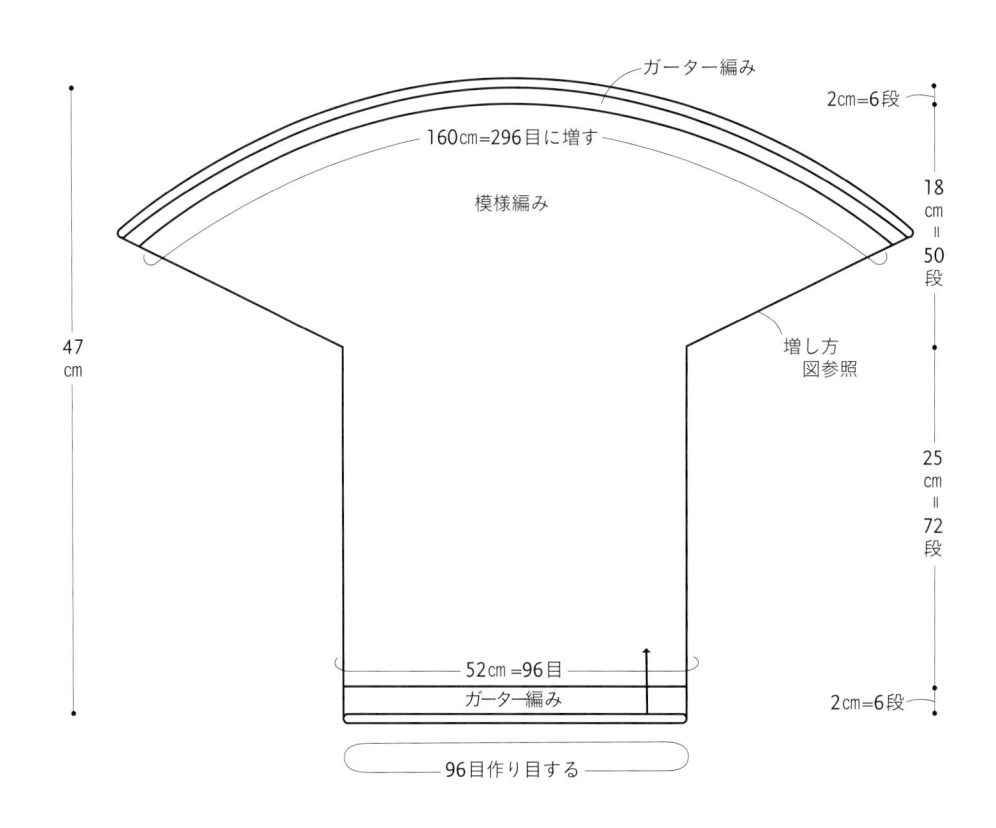

模様編み 記号図と増し方

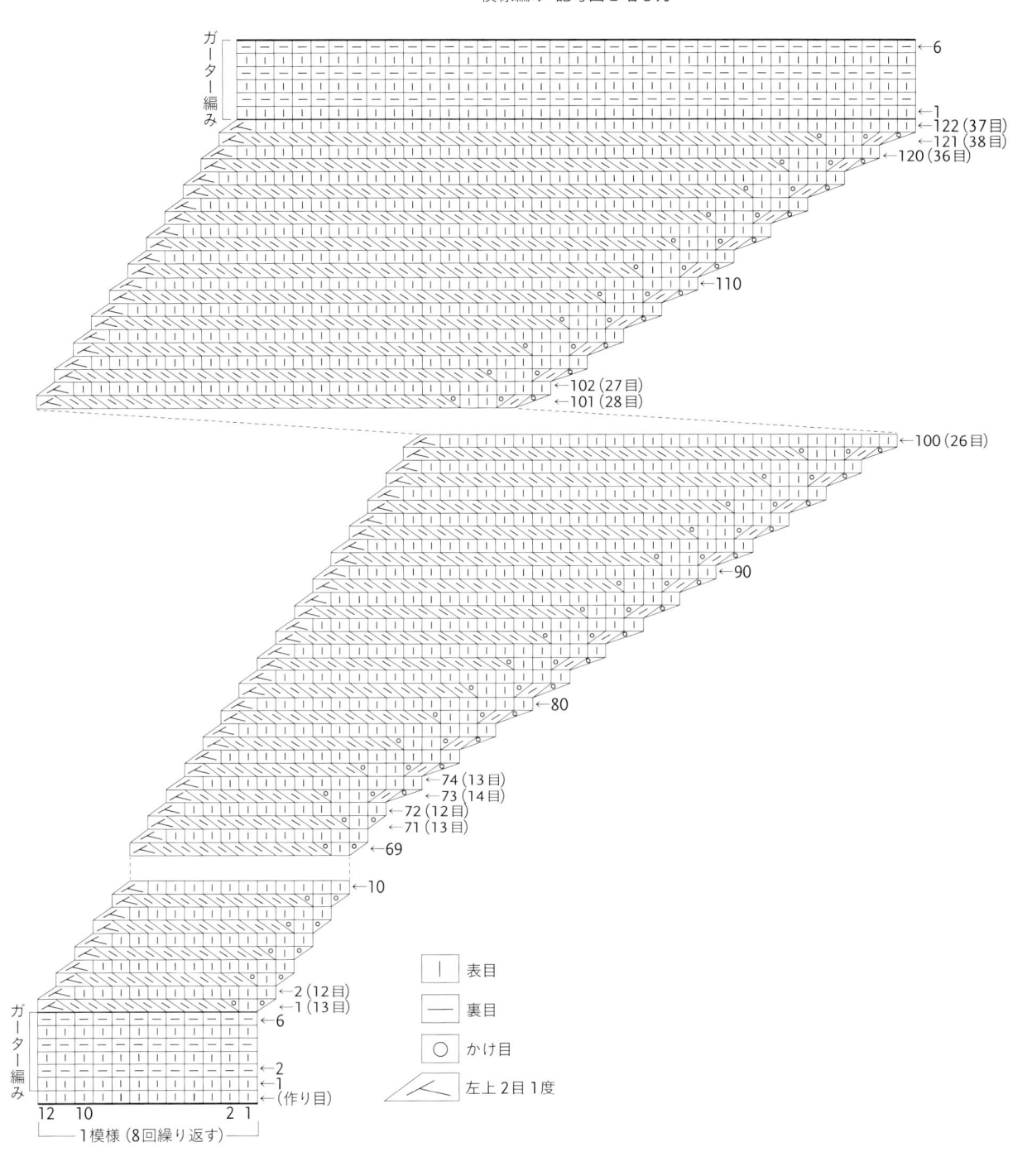

ガーター編み

←6
←1
←122 (37目)
←121 (38目)
←120 (36目)

←110

←102 (27目)
←101 (28目)

←100 (26目)

←90

←80

←74 (13目)
←73 (14目)
←72 (12目)
←71 (13目)
←69

←10

←2 (12目)
←1 (13目)
←6

←2
←1
←(作り目)

ガーター編み

12 10   2 1

├──1模様 (8回繰り返す)──┤

│	表目
─	裏目
○	かけ目
◢	左上2目1度

Aster Stitch

アスタースティッチの帽子 No.17, No.18 → P.18-19

No.17はアスタースティッチ模様とゴム編みを組み合わせてゴム編み部分で減らし目をしてシャープに。
No.18はアスタースティッチ模様の目数を減らしてゆったりした帽子の形に。

糸 … a色：ヤナギヤーン　ブルーム　45g　No.17グレー（14）　No.18黄色（3）
　　　b色：ショッペル　エディション3　No.17グレー、エンジ系の段染め（2299）20g
　　　　　　　　　　　　　　　　　　No.18オレンジ、ブルー系の段染め（2333）45g
針 … 5号5本棒針、輪針
用具 … 棒針キャップ　とじ針
ゲージ … 模様編み　24目、31段が10cm角
でき上がり寸法 … 頭周り50cm　深さ No.17 24.5cm、No.18 26cm

○ 編み方
伸縮性のある作り目（P.52参照）でa色で120目作り目をして輪にし、3目ゴム編みでNo.17は20段、No.18
は12段編み、続けて5目のアスタースティッチ模様でNo.17は28段、No.18は40段編みます。P.68を参照
して続けて、No.17は図のように減らし目をしながらゴム編みに変えて52段目まで、No.18は途中で3目
のアスタースティッチ模様に変えてから図のように減らし目をして66段目まで編みます。No.17は編み
終わりの10目に、No.18は編み終わりの20目を2目一度で10目に減らしてから糸を通して絞ります。
b色で、No.17は直径3cm、No.18は直径6cmのポンポンを作って（P.54参照）、つけます。

アスタースティッチ模様の編み方 （輪編みの場合） P.67 の記号図参照

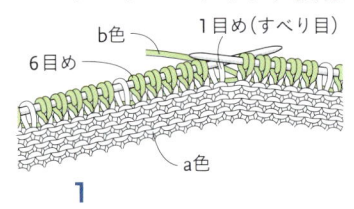

1

1段めはa色で裏目を編みます。2段めはb色で、「1目めはすべり目をし、2目めは、表編みを編むように右針を入れ、右針に糸を2回巻きつけて引き出します。6目めまで同様に編みます。」これを繰り返します

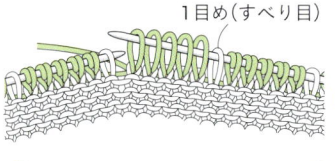

2

3段めは、1目めはすべり目します。2目めから6目めは、2段めで巻きつけた糸をほどいて右針に移します

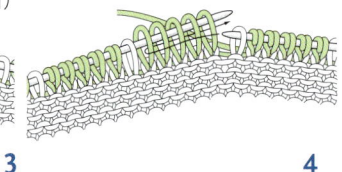

3

2目めから6目めの5目を左針に戻し、矢印のように、左上5目一度を編むように右針を入れます

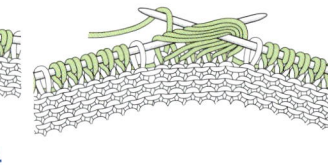

4

b色でこの5目から、編み出し増し目の要領で5目編みます

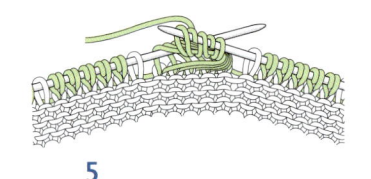

5

5目（表目、かけ目、表目、かけ目、表目）編み出し、左針から抜きます。2〜5を繰り返します

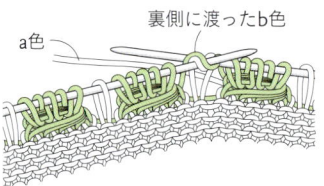

6

4段めはa色で、「すべり目をしていた1目めは裏側に渡っているb色の糸も左針にかけてから、表目を編みます。2目から6目めは表目を編みます。」これを繰り返して編みます

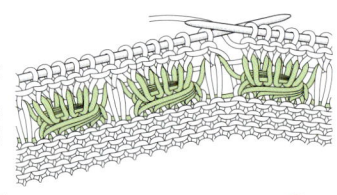

7

5段めは、a色で裏目を編みます。アスタースティッチ模様4段1模様が編めたところ

8

6段めは編み始めの位置を移動します。編まずに右針に3目移動して編み始め位置をずらしてから1〜7と同様に編みます。4段ごとに次のすべり目まで編み始めの位置をずらしながら編みます

No.17、No.18 3目ゴム編みと5目のアスタースティッチ模様 記号図

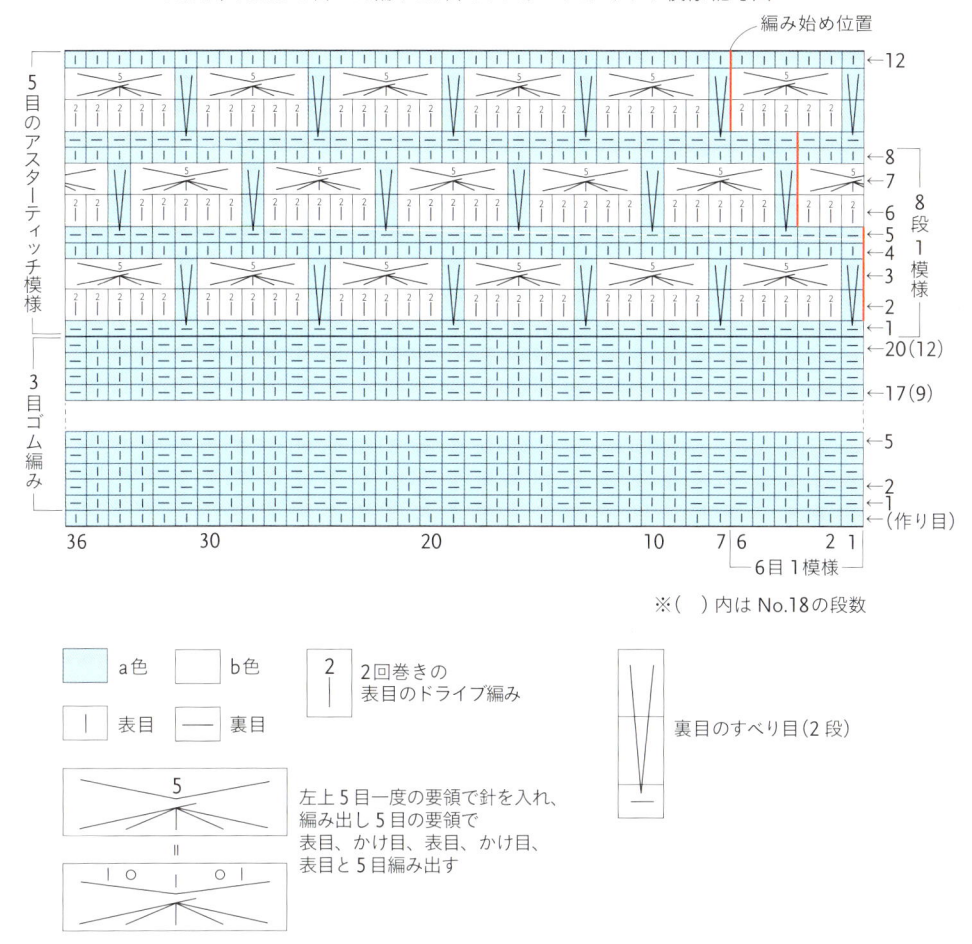

※（ ）内は No.18 の段数

	a色		b色

2 回巻きの
表目のドライブ編み

裏目のすべり目(2段)

5
左上5目一度の要領で針を入れ、
編み出し5目の要領で
表目、かけ目、表目、かけ目、
表目と5目編み出す

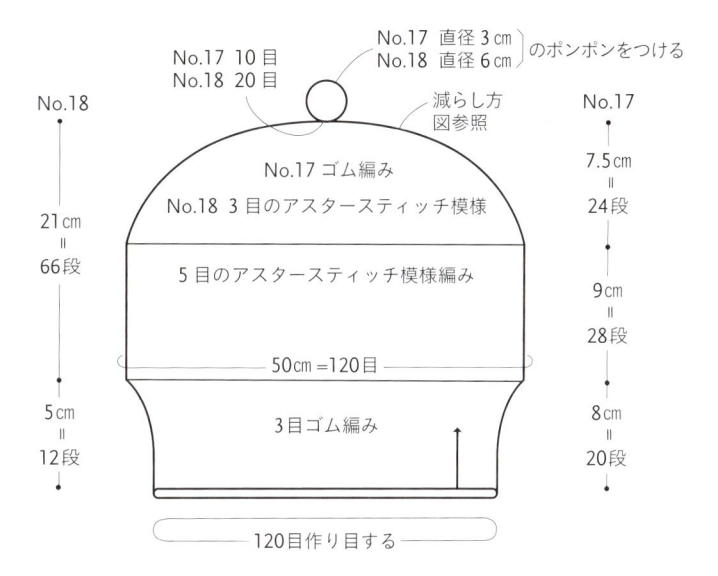

No.17 直径 3 cm
No.18 直径 6 cm のポンポンをつける

No.17 10目
No.18 20目

減らし方
図参照

No.17 ゴム編み
No.18 3 目のアスタースティッチ模様

5目のアスタースティッチ模様編み

50cm =120目

3目ゴム編み

120目作り目する

No.18
21cm = 66段
5cm = 12段

No.17
7.5cm = 24段
9cm = 28段
8cm = 20段

アスタースティッチの帽子 No.17, No.18 → P.18-19

No.17 減らし方

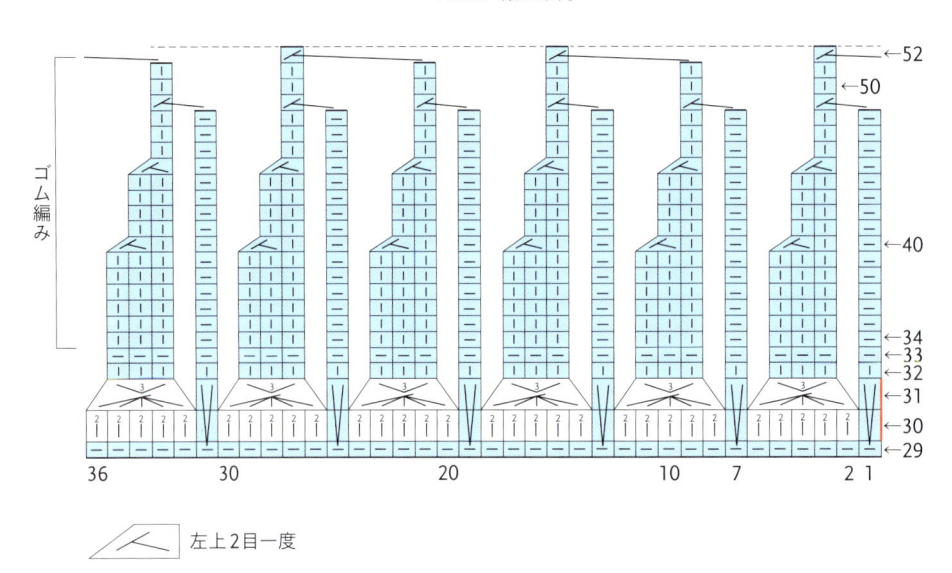

左上2目一度

No.18 減らし方

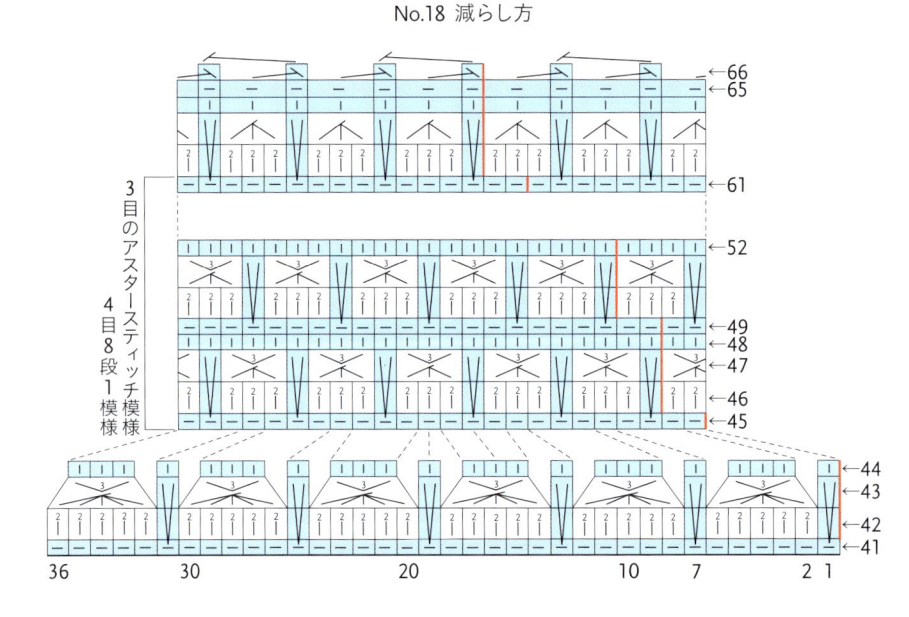

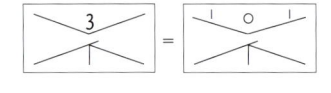
左上3目一度の要領で針を入れ、編み出し3目の要領で表目、かけ目、表目と3目編み出す

左上3目一度

yosefine

ヨセフィーネ模様の帽子 No.33, No.34, No.35 → P.34-35

2目一度とかけ目の間の表目が縄編みのように見える模様編み。
太い糸で編む場合は、繰り返す模様の数を減らしてサイズ調整します。

糸 … オリムパス　ツリーハウスパラス　60g
　　　　No.33　黄色(404)　　No.34　グリーン(415)
　　　　No.35　ヤナギヤーン　ブルーム　オレンジ色(4)　50g
針 … No.33、No.34　5号5本棒針、輪針　　No.35　7号5本棒針、輪針
用具 … 棒針キャップ　とじ針
ゲージ … 模様編み　No.33、No.34　26目、36段が10cm角
　　　　　　　　　　No.35　21目、32段が10cm角
でき上がり寸法 … 頭周り46cm　深さ20cm

◎ 編み方
伸縮性のある作り目(P.52参照)でNo.33、No.34は120目、No.35は96目作り
目をして輪にし、3目ゴム編みで7段編み、続けて模様編みでNo.33、No.34
は48段、No.35は40段編みます。続けて、図のように減らし目をしながら
13段編みます。編み終わりの目に糸を通して絞ります。No.33、No.34は直
径4cm、No.35は直径3cmのポンポンを作って(P.54参照)、つけます。

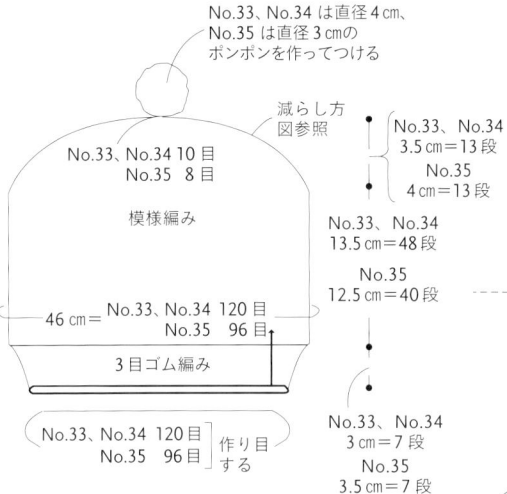

模様編み　記号図と減らし方

	表目
	裏目
	かけ目
	左上2目一度
	左上2目一度（裏目）

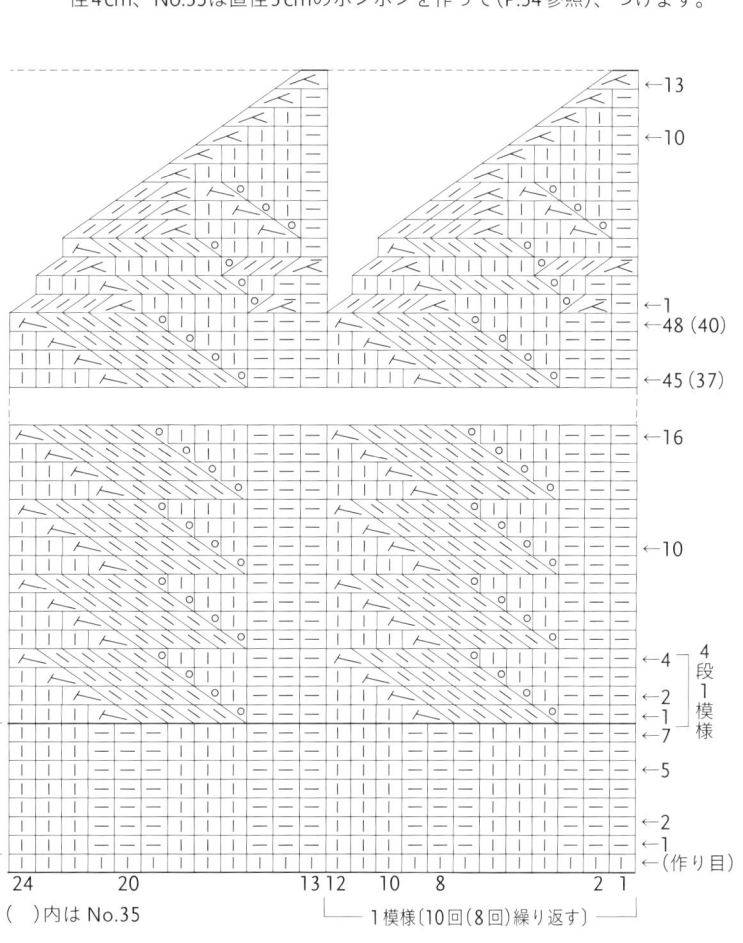

（　）内は No.35

1模様(10回(8回)繰り返す)

Flying Swallow

つばめ模様のスヌード No.28 → P.28

空を飛ぶつばめのような模様編み。ドライブ編みと編み出し増し目の組み合わせ。

糸 … オリムパス　ツリーハウスパラス　ベージュ (402) 70g
　　　オリムパス　メイクメイク
　　　ピンク、ブルーグリーン系の段染め (27) 50g
針 … 5号輪針、または5号5本棒針
用具 … 棒針キャップ　とじ針
ゲージ … つばめ模様　22.5目、25段が10cm角
でき上がり寸法 … 首周り62cm　丈30.5cm

◉編み方
ベージュ (a色) で伸縮性のある作り目 (P.52参照) で140目作り目を
して輪にし、1目ゴム編みで8段編みます。続けて表目で1段編み、
2段めからは図のようにつばめ模様で段染め糸 (b色) にかえながら
61段めまで編みます。62段めはベージュで表目を編みます。続け
てベージュで1目ゴム編みを6段編み、編み終わりは、アイスラン
ディック止め (P.53参照) をします。

[図: 30.5cm / 1目ゴム編み 2.5cm＝6段 / つばめ模様 25cm＝62段 / 62cm＝140目 / 1目ゴム編み 3cm＝7段 / 140目作り目する]

つばめ模様の編み方 (輪編みの場合) P.71記号図参照

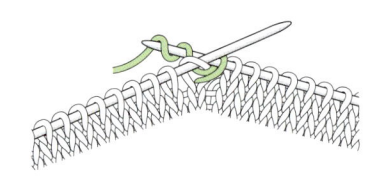

1
1段めはa色で表目を編み、2段めは、a色
で3目表目を編み、4目めは、b色に変え
て3目の編み出し増し目の要領で編みま
すが、2目めのかけ目は針に2回巻きます。

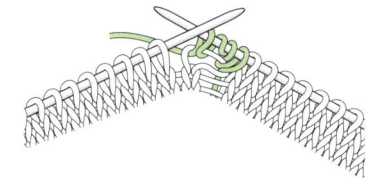

2
表目、2回巻きのかけ目、表目の3目の
編み出し増し目が編めたところ。「a色で
3目表目、4目めはb色で変形の3目の編
み出し増し目を編む」を繰り返します。

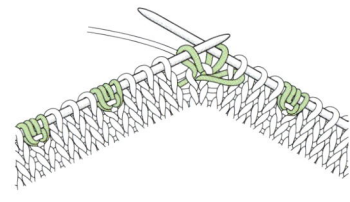

3
3段めは、a色で編みます。2目表目を編
みます。「前段の3目の編み出し増し目の
1目めが上にくる左上2目一度を編み、2
回巻きのかけ目をほどいてすべり目しま
す。続けて、前段の編み出し増し目の3
目めが上にくる右上2目一度を編み、1目
表目を編みます。」これを繰り返します。

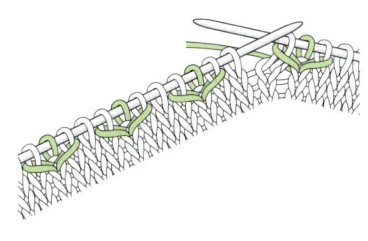

4
最後の3目の編み出し増し目の3目めは、
3段めの1目めと右上2目一度を編みます。

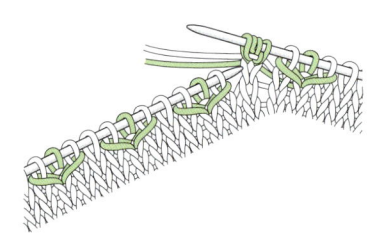

5
4段めは、1目めが4で編めているので、
2目めから編むことになります。「b色で
変形の3目の編み出し増し目を編みま
す。続けて、a色に変えて表目を3目編み
ます。」これを繰り返します。

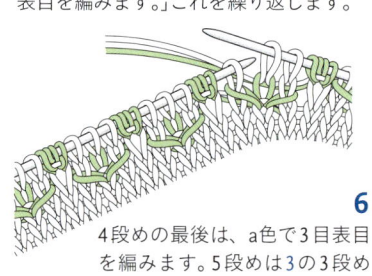

6
4段めの最後は、a色で3目表目
を編みます。5段めは3の3段め
と同じ要領でa色で編みますが、
1目めは表目を編み、次の目は
2回巻きのかけ目をほどいてす
べり目します。最後の1目は5段
めの1目めと左上2目一度を編
みます。2〜6を繰り返します。

1目ゴム編みとつばめ模様 記号図

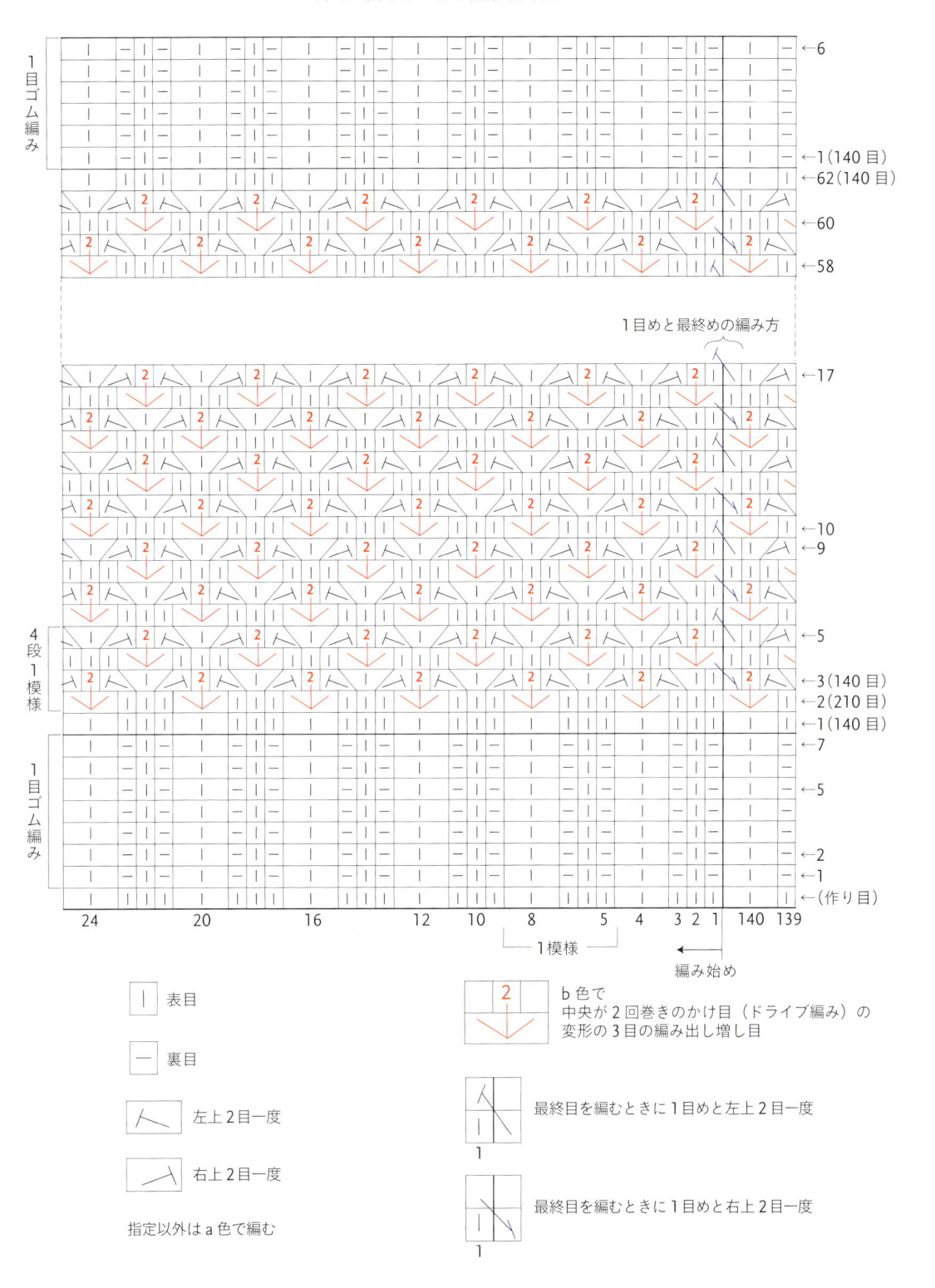

- 表目
- 裏目
- 左上2目一度
- 右上2目一度

指定以外は a 色で編む

b 色で
中央が2回巻きのかけ目（ドライブ編み）の
変形の3目の編み出し増し目

最終目を編むときに1目めと左上2目一度

最終目を編むときに1目めと右上2目一度

Flying Swallow

つばめ模様の帽子 No.27, No.29 → P.28-29

模様を4回繰り返して編んでいるので、上から見ると四角く見えます。

糸 … No.27 a色：オリムパス　ツリーハウスパラス　ベージュ(402) 30g
　　　　　b色：オリムパス　メイクメイク　ピンク、ブルーグリーン系の段染め(27) 25g
　　No.29 a色：パピー　ブリティッシュエロイカ　ベージュ(134) 40g
　　　　　b色：パピー　ミュルティコ　オレンジ、グリーン系の段染め(577) 30g
針 … No.27 5号5本棒針、輪針　No.29 7号5本棒針、輪針
用具 … 棒針キャップ　とじ針
ゲージ … つばめ模様　No.27　22.5目、25段が10cm角
　　　　　　　　　　　 No.29　19目、21.5段が10cm角
でき上がり寸法 … 頭周り50cm　深さ20.5cm

◉編み方

ベージュ(a色)で、伸縮性のある作り目(P.52参照)でNo.27は112目、No.29は96目作り目をして輪にし、P.71の記号図を参考に1目ゴム編みをNo.27は7段、No.29は5段編みます。続けて表目で1段編み、2段めからは図のようにつばめ模様で段染め糸(b色)にかえながらNo.27は30段、No.29は26段まで編みます。続けて減らし目をしながら下図のようにNo.27は44段めまで、No.29は38段めまで編みます。編み終わりの8目に糸を通して絞ります。

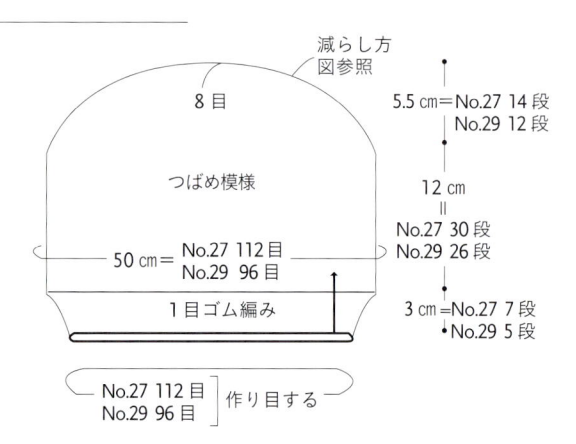

No.27 No.29 減らし方

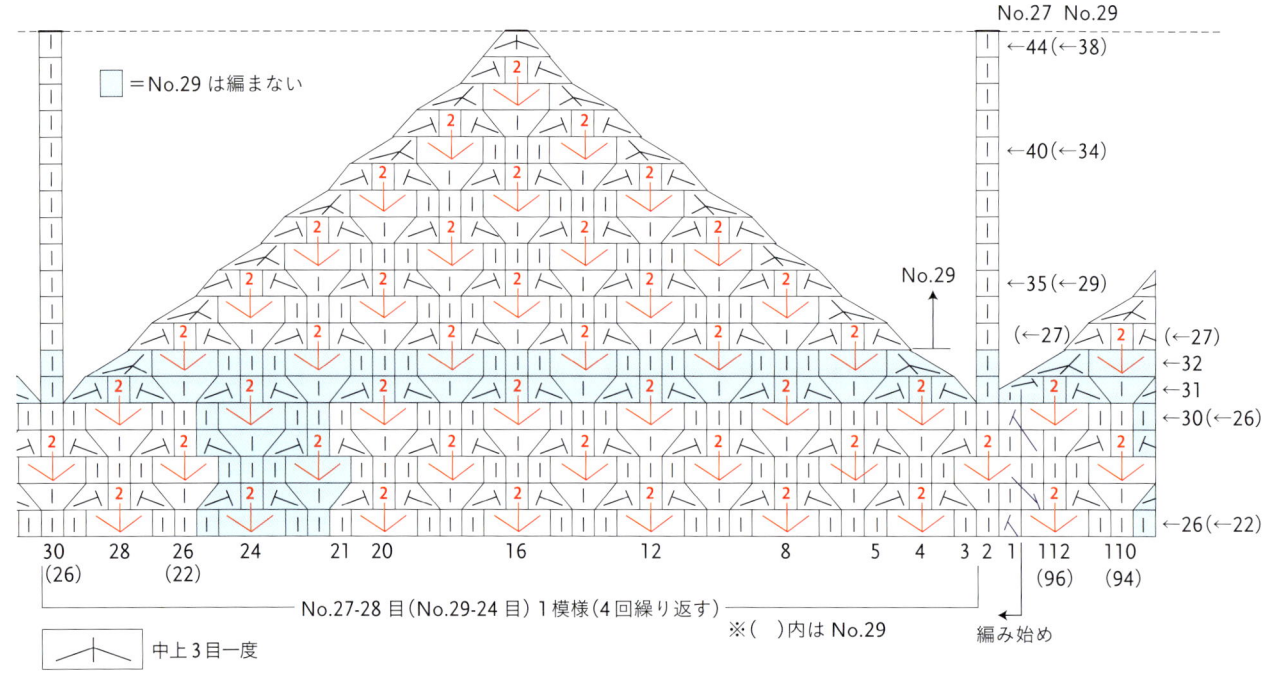

＝No.29は編まない

No.27-28目(No.29-24目) 1模様(4回繰り返す)

※（ ）内はNo.29

中上3目一度

編み始め

Wickerwork

枝編み模様の帽子 No.36 → P.36-37

交差編みを組み合わせた模様が、くっきりと浮き上がって見えます。

糸 … パピー　シェットランド　グレー（44）65g
針 … 6号5本棒針、輪針
用具 … 棒針キャップ　とじ針　縄編み針
ゲージ … 2目ゴム編み、模様編み　26目＝10cm、21段＝7cm
でき上がり寸法 … 頭周り46cm　深さ21cm

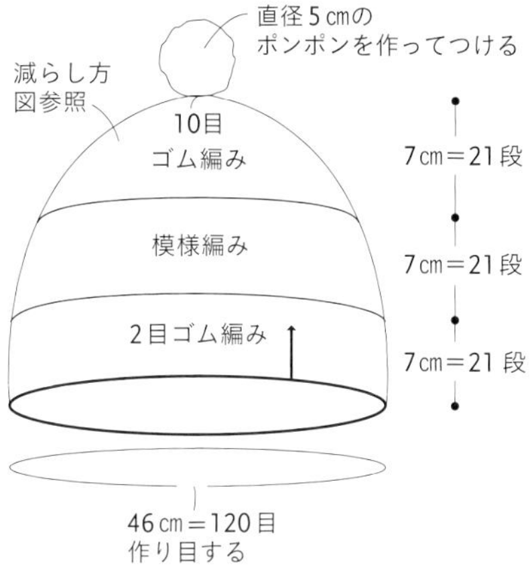

�»編み方
伸縮性のある作り目（P.52参照）で120目作り目して輪にし、2目ゴム編みを21段編みます。続けて模様
編みで21段、ゴム編みを4段増減なく編みます。図のように減らし目をしながらゴム編みで21段編みます。
編み終わりの10目に糸を通して絞ります。直径5cmのポンポンを作って（P.54参照）、つけます。

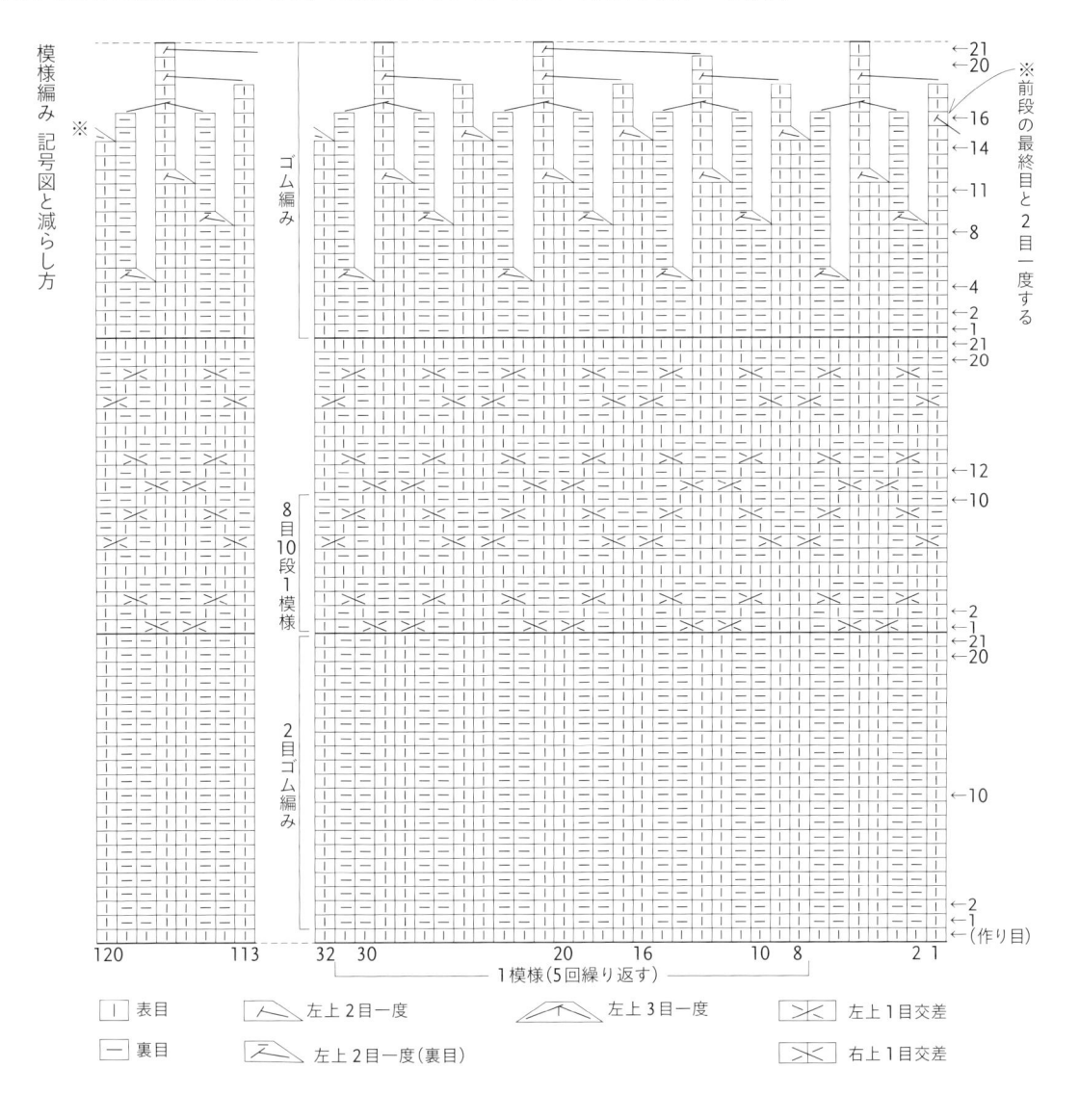

表目	左上2目一度	左上3目一度	左上1目交差
裏目	左上2目一度（裏目）		右上1目交差

73

両面イギリスゴム編みのふんわり帽子 No.30, No.31, No.32 → P.30-33

両面イギリスゴム編みはやわらかいシルエットになります。糸と目数を変えて3サイズに。

糸 … No.30 DARUMA　シェットランドウール　ブルー（11）60g
　　　No.31 a色：ショッペル　ライフスタイル　黄色（6860）30g
　　　　　　 b色：ショッペル　エディション3　ピンク、ブルー、グリーン系の 段染め（2296）30g
　　　No.32 a色：ショッペル　ライフスタイル　紺色（4303）40g
　　　　　　 b色：ショッペル　エディション3　ピンク、ブルー、グリーン系の 段染め（2296）40g
針 … No.30 5号5本棒針、輪針　No.31、No.32 3号5本棒針、輪針
用具 … 棒針キャップ　とじ針
ゲージ … 両面イギリスゴム編み　No.30 23目、51段が10cm角　No.31、No.32　25目、59段が10cm角
でき上がり寸法… No.30 頭周り52cm　深さ21cm　No.31 頭周り40cm　深さ16cm
　　　　　　　　 No.32 頭周り48cm　深さ18cm

● 編み方
伸縮性のある作り目（P.54参照）でNo.30、No.32は120目、No.31は100目作り目をして輪にし、1目ゴム編みで
No.30、No32は10段、No.31は8段編み、続けて両面イギリスゴム編みでNo.30、No.32は59段、No.31は51段編
みます。続けて、図のように減らし目をしながら14段編みます。編み終わりの目に糸を通して絞ります。直径
4cmのポンポンを作って（P.54参照）、つけます。

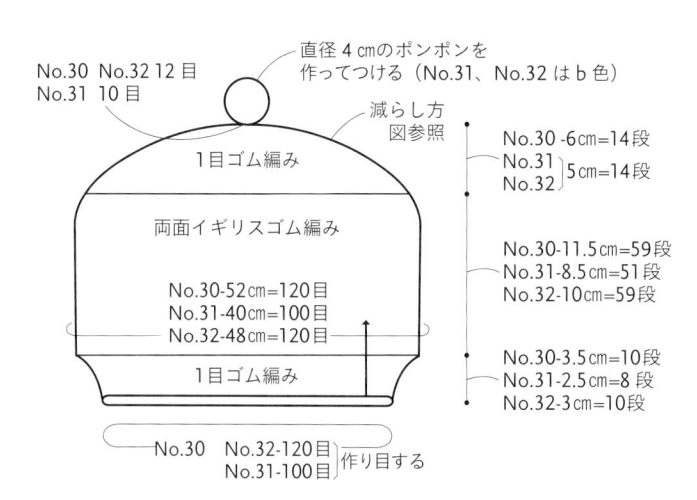

両面イギリスゴム編み 記号図と減らし方

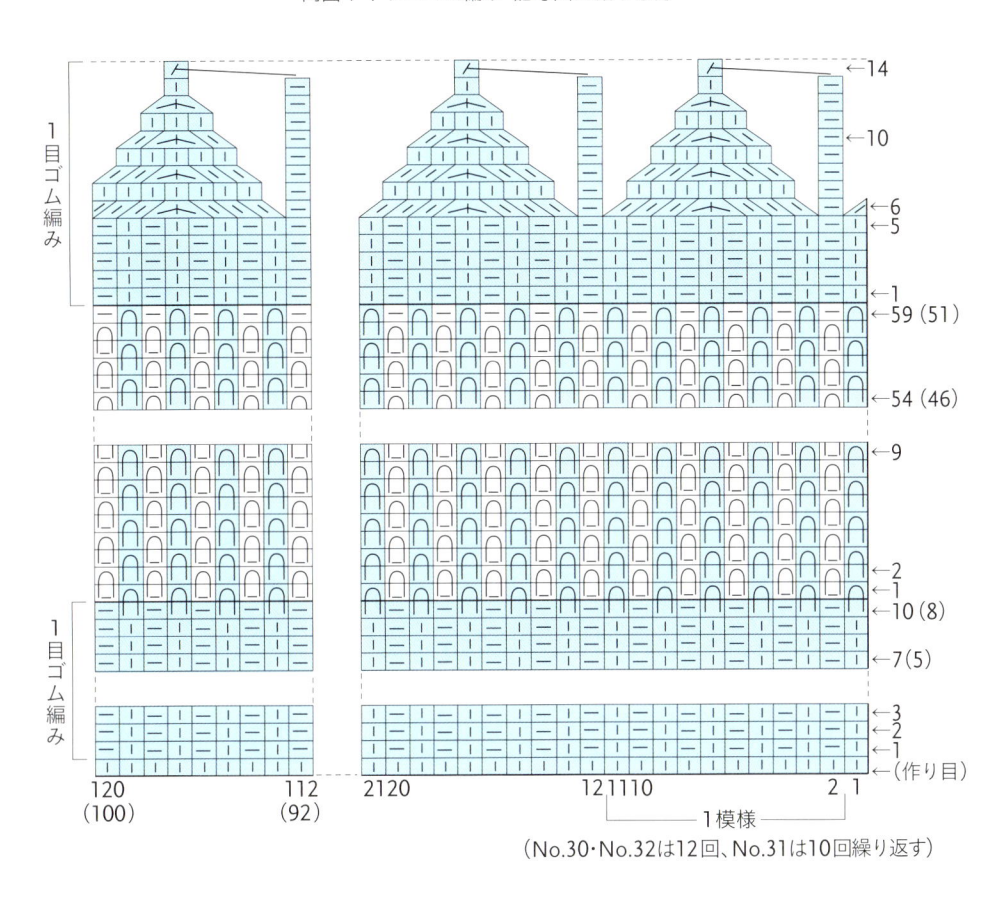

| | 表目 | | a色 | | 引き上げ目 | | 引き上げ目（裏目） |

| — | 裏目 | | b色 |

| | 左上2目一度 | | 中上3目一度 |

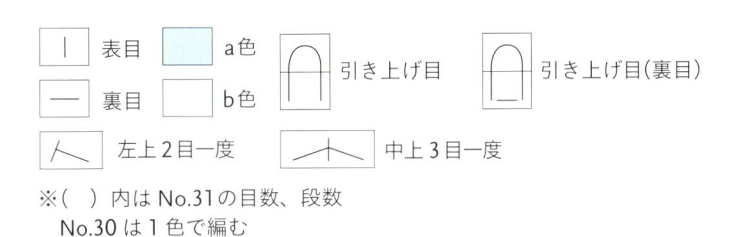

※（ ）内は No.31 の目数、段数
　No.30 は 1 色で編む

ベリー模様の帽子 No.37, No.38 → P.38-39

赤と緑でまるでベリーが並んでいるような模様。針を変えてサイズを微調整。

糸 … ヤナギヤーン　恋する毛糸合太　赤(706) 55g　緑(708) 5g
針 … No.37 4号5本棒針、輪針　No.38 5号5本棒針、輪針
用具 … 棒針キャップ　とじ針
ゲージ … ベリー模様　No.37 27目、39段　No.38 25目、36段が10cm角
でき上がり寸法 … No.37 頭周り 45cm、深さ 19cm
　　　　　　　　　No.38 頭周り 48cm、深さ 20.5cm

◉ 編み方
赤で伸縮性のある作り目(P.52参照)で120目作り目をして輪にし、1目ゴム編みで
20段編みます。続けてベリー模様で途中で糸を緑にかえながら31段編みます。続
けて、図のように減らし目をしながら62段めまで編みます。編み終わりの9目に
糸を通して絞ります。
赤でNo.37は直径3cm、No.38は直径4cmのポンポンを作って(P.54参照)、つけます。

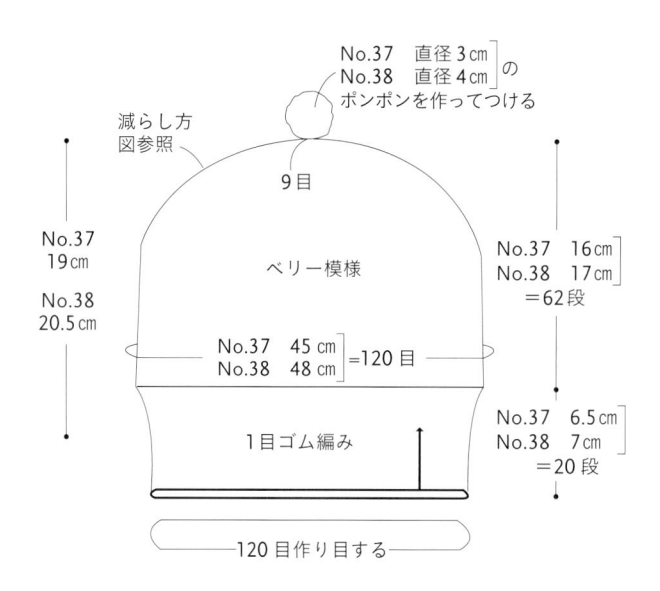

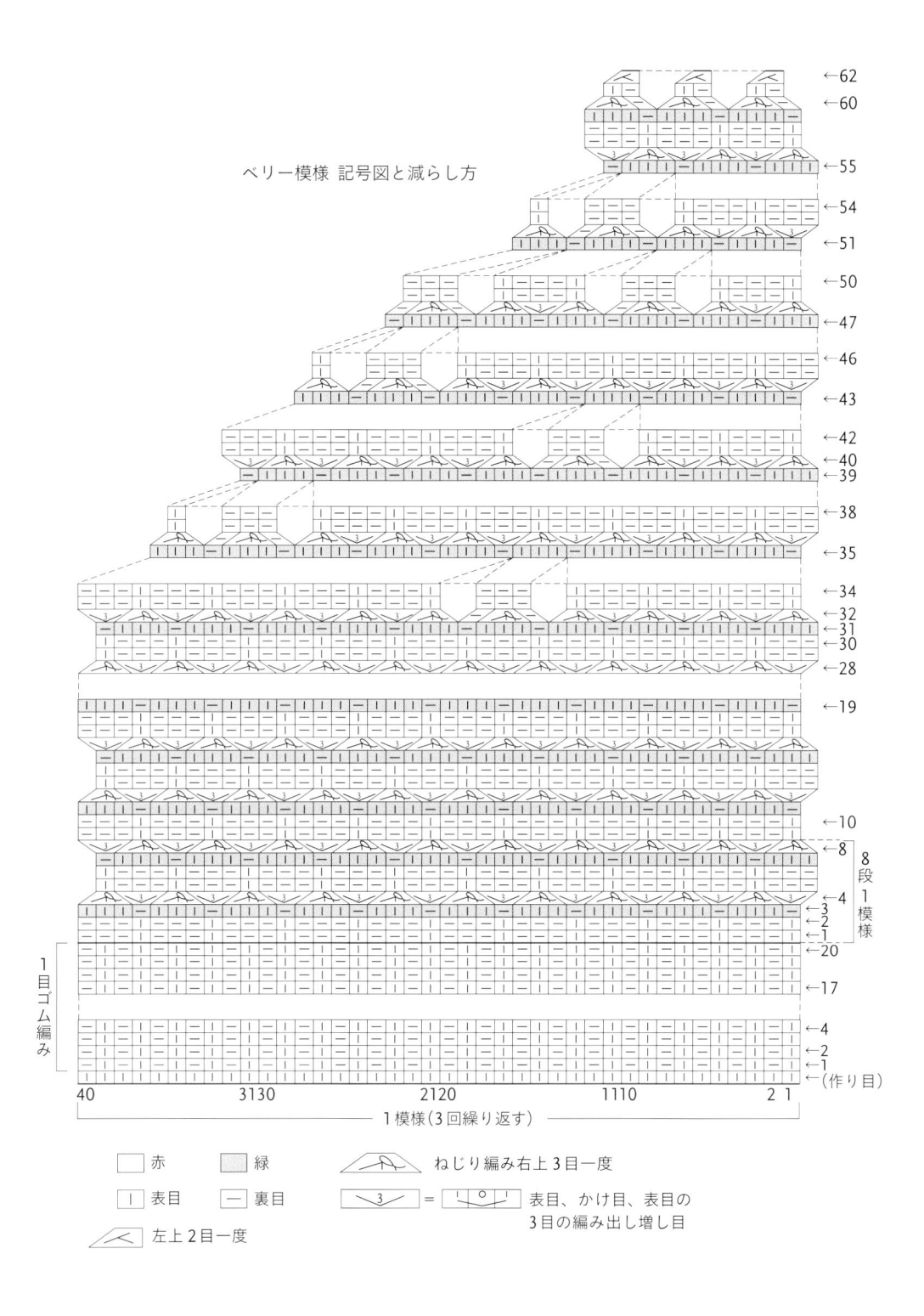

ベリー模様 記号図と減らし方

凡例：
- 赤（白四角）
- 緑（グレー四角）
- | 表目
- — 裏目
- ねじり編み右上3目一度
- ↘3 = 表目、かけ目、表目の3目の編み出し増し目
- 左上2目一度

段番号（右側）：←62 / ←60 / ←55 / ←54 / ←51 / ←50 / ←47 / ←46 / ←43 / ←42 / ←40 / ←39 / ←38 / ←35 / ←34 / ←32 / ←31 / ←30 / ←28 / ←19 / ←10 / ←8 / ←4 / ←3 / ←2 / ←1 / ←20 / ←17 / ←4 / ←2 / ←1 / ←（作り目）

8段1模様

1目ゴム編み

目数（下側）：40 / 3130 / 2120 / 1110 / 2 1

1模様（3回繰り返す）

Half & Half

ハーフ＆ハーフ No.25, No.26 → P.26-27

平らに編んだ2種類の模様編みをとじ合わせて作る帽子。
糸や色の組み合わせを自由に選んでみてください。

糸 … No.25　パピー　シェットランド　a色：グレー(44) 35g
　　　　　　　　　　　　　　　　　b色：コバルトブルー(52) 40g
　　　 No.26 オリムパス　ツリーハウスベリーズ　a色：オレンジ色(204) 35g
　　　　　　　　　　　　　　　　　　　　　　　b色：ベージュ(201) 40g
針 … No.25　5号2本棒針　No.26　6号2本棒針
用具 … 棒針キャップ　とじ針　縄編み針
ゲージ … ①模様編み 25目、27段が10cm角、②模様編み 28目、27段が10cm角
でき上がり寸法 … 頭周り44cm　深さ20cm(折り返し部分をのぞく)

◉編み方
a色で伸縮性のある作り目(P.52参照)で58目作り目をし、2目ゴム編みで21段編み
ます。続けて①模様編みで24段編み、図のように減らし目をしながら52段めまで
編みます。b色も伸縮性のある作り目で58目作り目をし、2目ゴム編みを21段編み
ます。続けて②模様編みで34段編み、図のように減らし目をしながら52段めまで
編みます。2枚を合わせて両脇をすくいとじしますが、折り返し部分の2目ゴム編
みの18段までは裏側を見てすくいとじします。
編み終わりの18目に糸を通して絞ります。
直径4cmのポンポンをa色とb色を半分ずつ巻きつけて作って(P.54参照)、つけます。

メリヤス編みのすくいとじ

1目内側を1段ごとにすくう方法で、端の目はとじ代で裏側に入るため、仕上がりがきれいです。
とじ糸は、ひと針ごと引きしめると編み地がゆがんだりつれたりしにくいです。

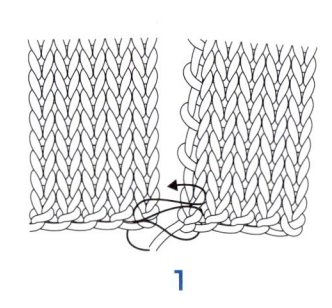
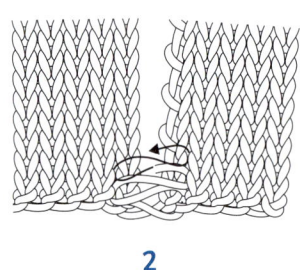
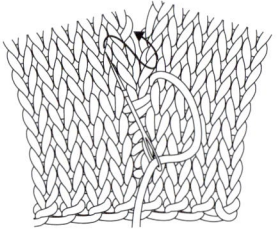
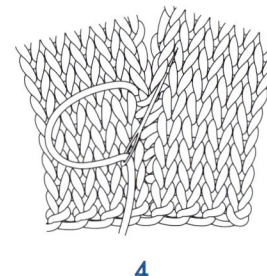

1
作り目で残した糸をとじ糸に
し、矢印のように針を入れる

2
1目めと2目めの間の渡り糸を
1段ずつ交互にすくう

3

4

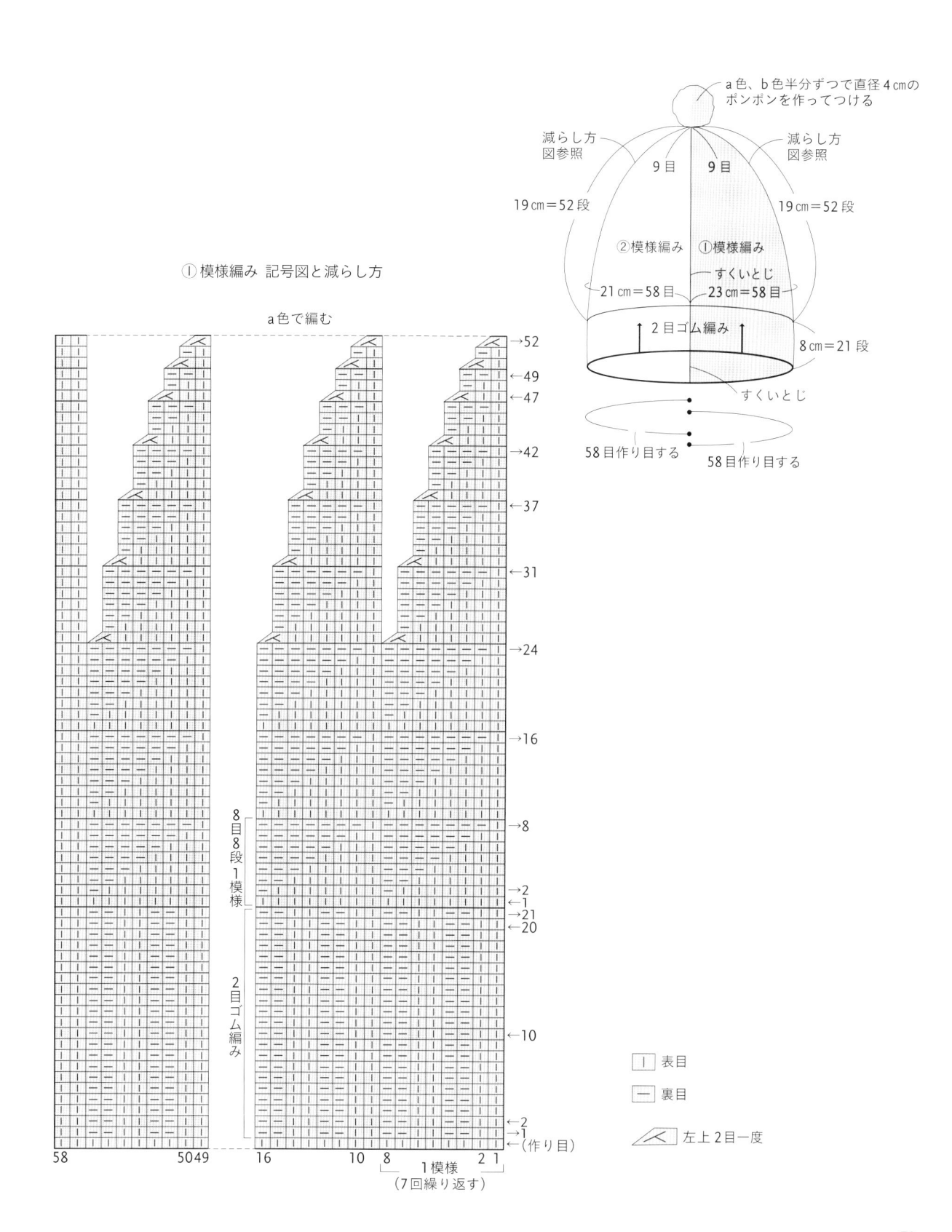

① 模様編み 記号図と減らし方

a色で編む

a色、b色半分ずつで直径4cmの
ポンポンを作ってつける

減らし方
図参照

9目　9目

減らし方
図参照

19cm＝52段　　　　　　　　　19cm＝52段

②模様編み　①模様編み

21cm＝58目　　すくいとじ
23cm＝58目

2目ゴム編み　　　8cm＝21段

すくいとじ

58目作り目する　　58目作り目する

┃	表目
─	裏目
◸	左上2目一度

②模様編み 記号図と減らし方

b色で編む

$\boxed{I}$	表目
$\boxed{-}$	裏目
	左上2目一度
	左上2目一度(裏目)
	左上3目一度
	左上1目交差

スパイキー模様の帽子 No.41, No.42 → P.42-43

スパイキー模様は編むときは表目側を見て編みますが、
使うときは裏目側を表にします。

糸 … No.41 ショッペル　エディション3
　　　　ピンク、グリーン系の段染め(2301) 65g
　　　No.42 ショッペル　エディション3
　　　　カーキー系段染め(2297) 65g
針 … 3号5本棒針、輪針
用具 … 棒針キャップ　とじ針
ゲージ … スパイキー模様　40目、35段が10cm角
でき上がり寸法 … 頭周り40cm　深さ21cm

○ 編み方
伸縮性のある作り目(P.52参照)で100目作り目をし
て輪にし、1目ゴム編みで30段編み、スパイキー模
様で図のように増減目をしながら編みます。編み終
わりの10目に糸を通して絞ります。スパイキー模
様は編み地の裏側(裏目側)を表にして使います。
直径4cmのポンポンを作って(P.54参照)、つけます。

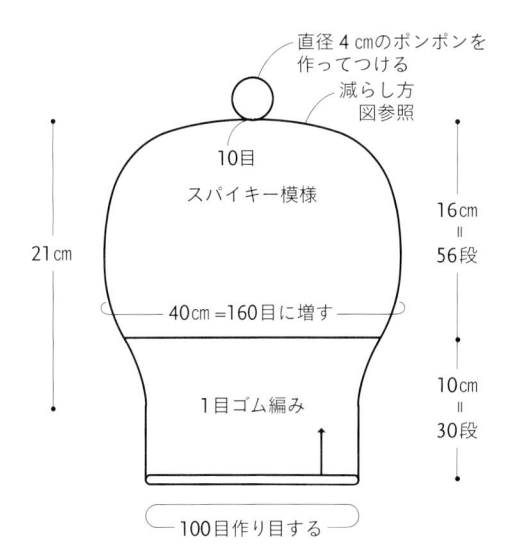

スパイキー模様 記号図と増し方、減らし方

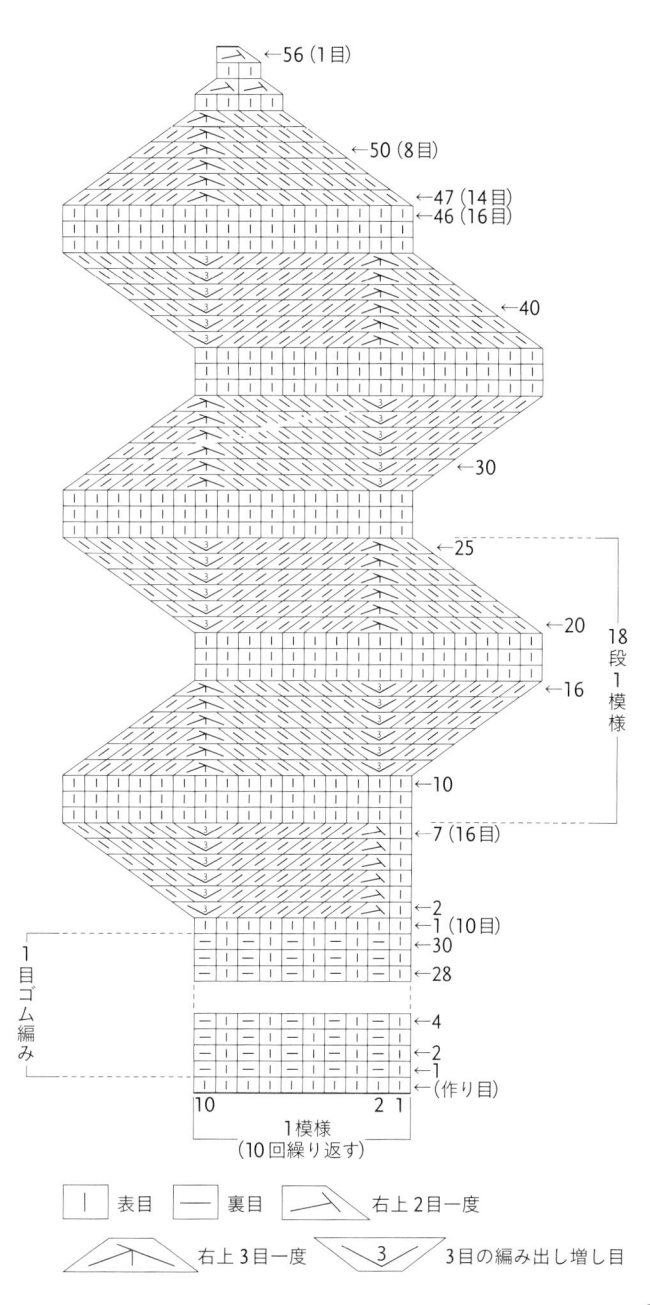

| │ 表目 | — 裏目 | ╱ 右上2目一度 |

╱│╲ 右上3目一度　　╲3╱ 3目の編み出し増し目

Drop Stitch Hat & Snood

ドロップスティッチ模様の帽子 & スヌード No.39, No.40 → P.40-41

帽子のトップには毛糸で作るポンポンはもちろん、
市販のファーのポンポンをつけると雰囲気が変わります。

糸 … ヤナギヤーン　ブルーム　No.39 グレー(14) 70g　No.40 ミント色(26) 130g
付属品 … No.39 直径8cmのフォックスファーボール　1個
針 … 8号5本棒針、輪針
用具 … 棒針キャップ　とじ針
ゲージ … 模様編み　20目、40段が10cm角
でき上がり寸法 … No.39 頭周り51cm　深さ19cm
　　　　　　　　　No.40 周囲109.5cm　丈18cm

◉編み方
No.39の帽子　伸縮性のある作り目(P.52参照)で102目作り目をして輪にし、模様
編みで増減なく54段めまで編みます。55段めからは図のように減らし目をしなが
ら編みます。編み終わりの12目に糸を通して絞ります。
直径8cmのフォックスファーボールをつけます。
No.40のスヌード　伸縮性のある作り目で219目作り目をして輪にし、模様編みで
増減なく73段編みます。
編み終わりは、アイスランディック止め(P.53参照)をします。

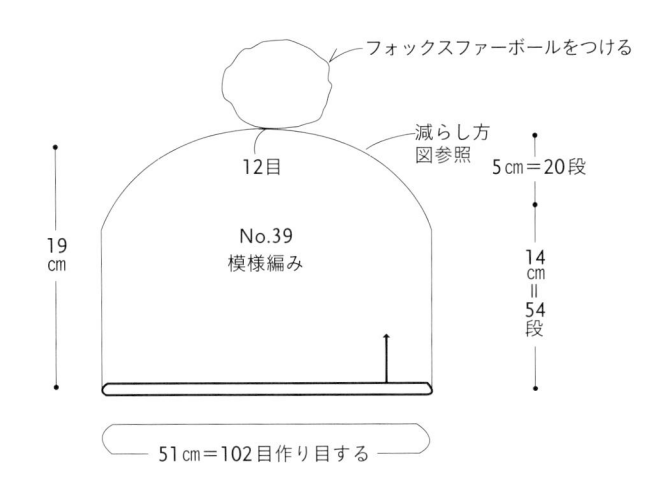

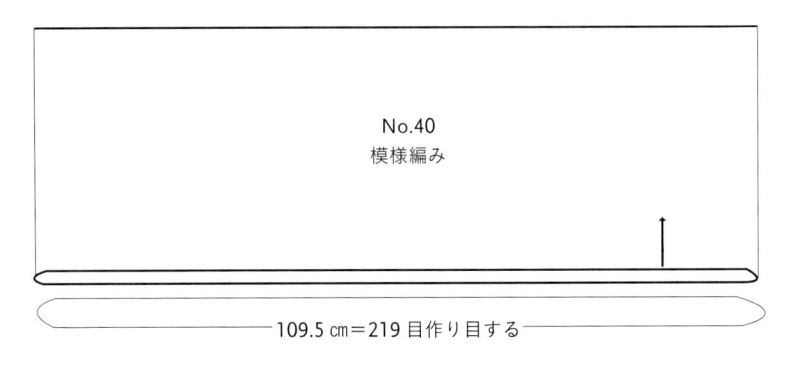

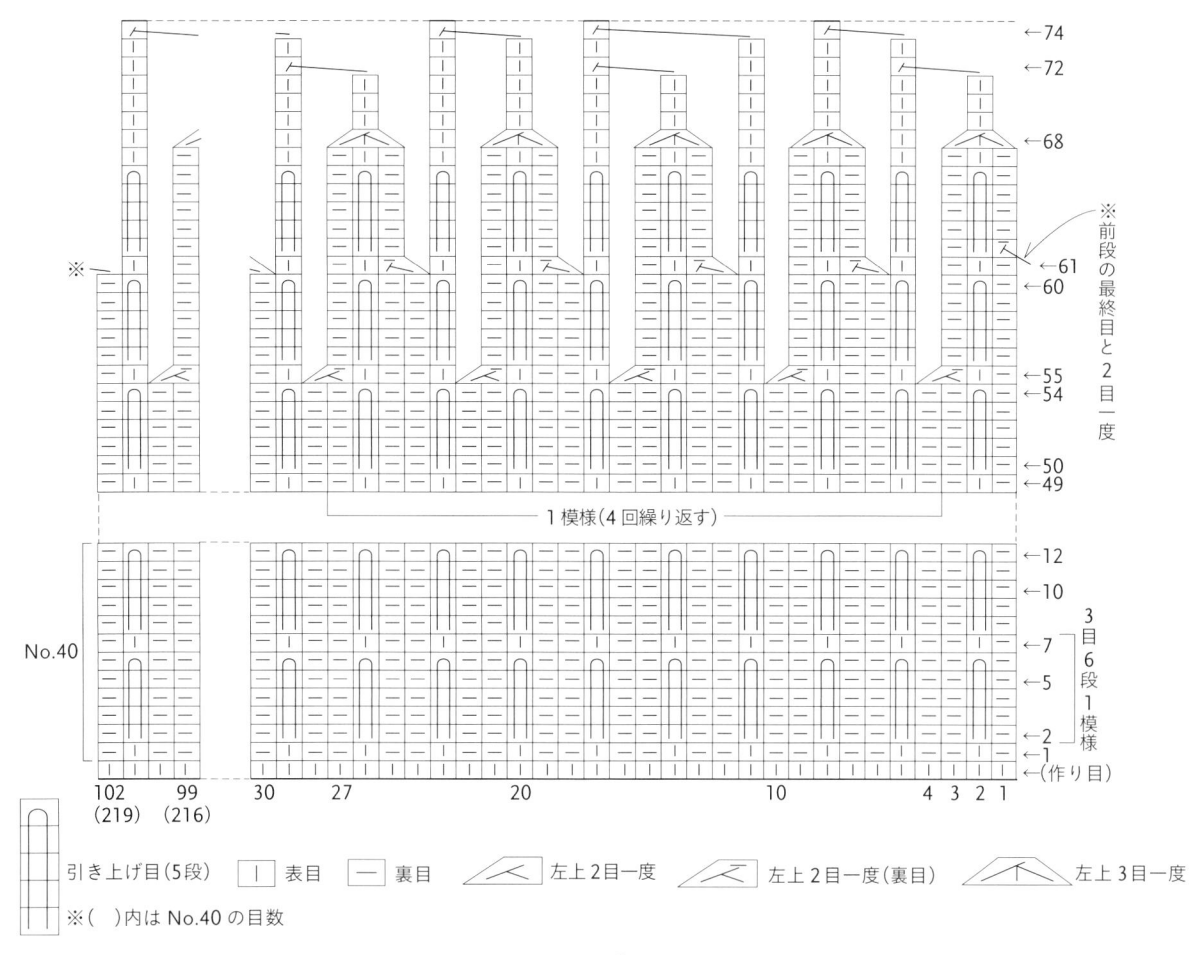

←74
←72
←68
※前段の最終目と2目一度
←61
←60
←55
←54
←50
←49

1模様(4回繰り返す)

※

←12
←10
←7
←5
←2
←1
←(作り目)

3目6段1模様

No.40

102　99
(219)　(216)
30　27　20　10　4 3 2 1

| 引き上げ目(5段) | I 表目 | ― 裏目 | ⟋ 左上2目一度 | ⟋ 左上2目一度(裏目) | ⟋ 左上3目一度 |

※(　)内はNo.40の目数

Trinity Beret

ボッブル模様のベレー帽 No.19, No.20 → P.20-21

風車のように増し目をしながら編み進むボッブル模様のベレー帽。

糸 … No.19 ヤナギヤーン　ブルーム　水色(25) 75g
　　　No.20 オリムパス　メイクメイク　えんじ系の段染め(17) 75g
針 … 5号5本棒針、輪針
用具 … 棒針キャップ　とじ針
ゲージ … ボッブル模様　26.5目、30段が10cm角
でき上がり寸法 … 頭周り48cm　深さ19.5cm

◒ 編み方
伸縮性のある作り目(P.52参照)で8目作り目をして輪にし、表目で9段輪に編み、タブを編みます。続けてボッブル模様で図のように増減目しながら編みます。編み終わりはアイスランディック止め(P.53参照)をします。

ボッブル模様のベレー帽 No.19, No.20 → P.20-21

ボッブル模様 記号図と増し方、減らし方

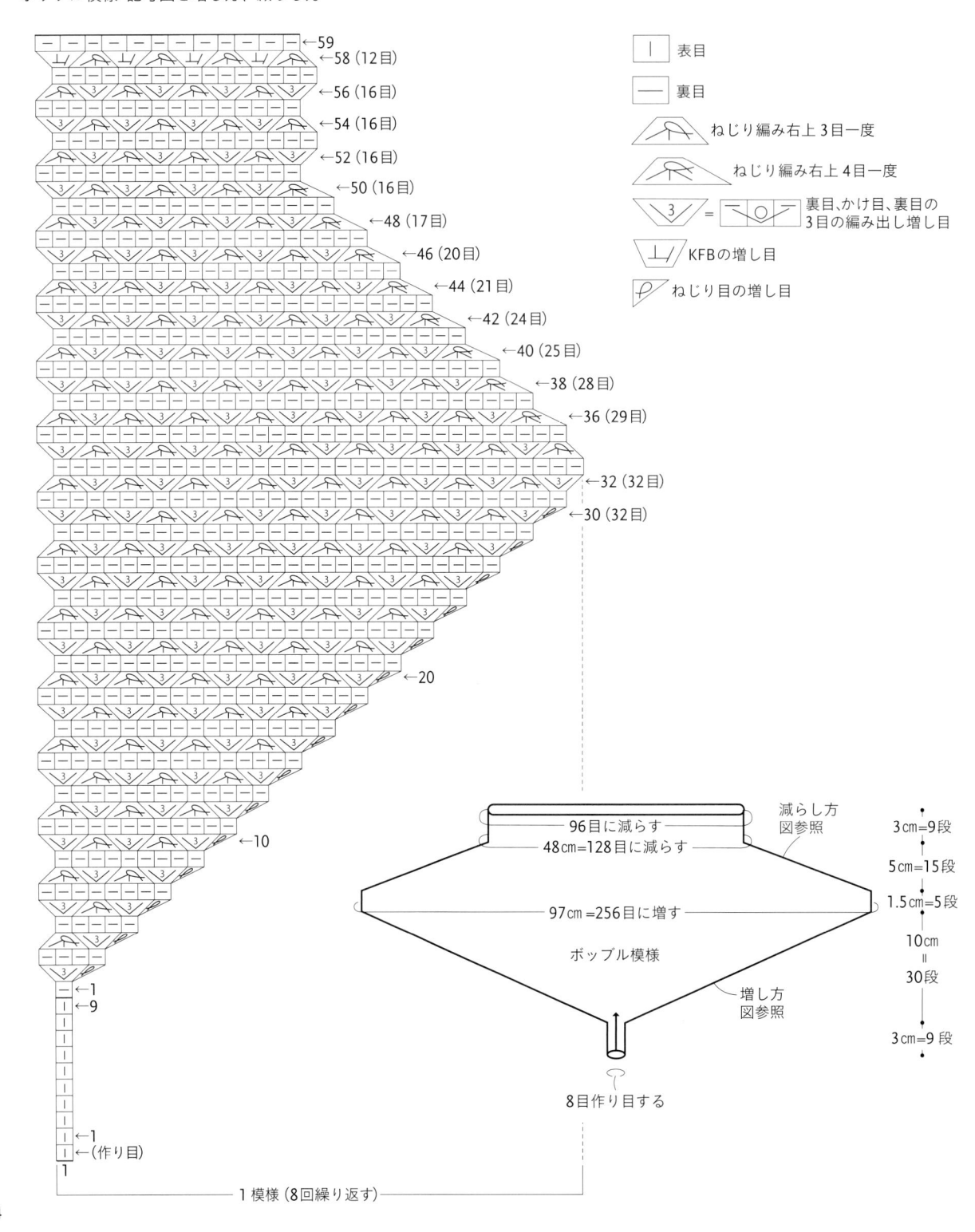

Trinity Hat

ボッブル模様の帽子 No.21, No.22

→ P.22-23

ボッブル模様 記号図と増し方

No.22は、編み始めのタブ部分をアレンジして
ちょっととぼけた雰囲気に。

糸 … No.21 オリムパス　メイクメイク
　　　　ブルーとピンクの段染め(21)　50g
　　　No.22 オリムパス　メイクメイクトマト
　　　　カーキー系の段染め(208)　50g
針 … 5号5本棒針、輪針
用具 … 棒針キャップ　とじ針
ゲージ … ボッブル模様　26.5目、30段が10cm角
でき上がり寸法 …
　　　No.21　頭周り48cm　深さ19cm
　　　No.22　頭周り48cm　深さ16cm

◎ 編み方
伸縮性のある作り目(P.52参照)で8目作り目をして
輪にし、表目でNo.21は9段、No.22は64段輪に編み、
タブを編みます。続けてボッブル模様で図のように
ねじり目で増し目(P.95参照)しながら編みます。編
み終わりはアイスランディック止め(P.53参照)をし
ます。

No.22は編まない

←57 (49)
←56 (48)(12目)
←50
←47
←40
←30
←20
←15 (16目)
←10
←1
←9 (64)
←7 (62)
←4
←2
←(作り目)
1

1模様(8回繰り返す)

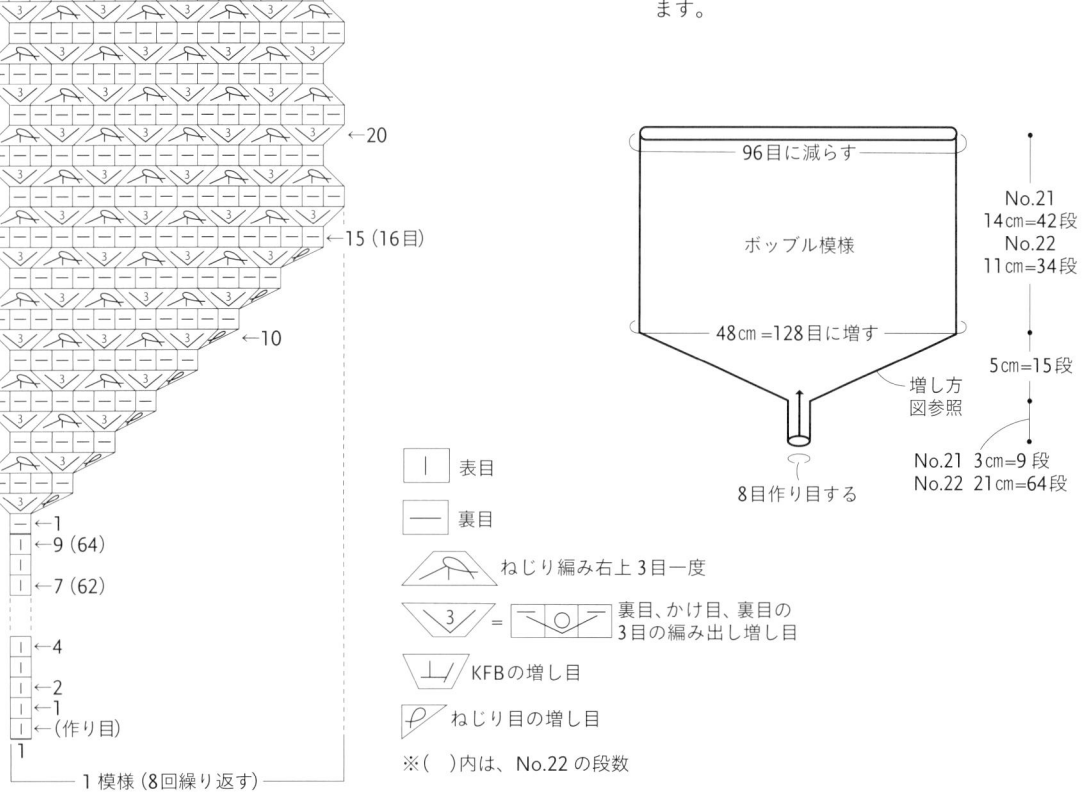

96目に減らす

ボッブル模様

48cm=128目に増す

8目作り目する

No.21
14cm=42段
No.22
11cm=34段

5cm=15段

増し方
図参照

No.21　3cm=9段
No.22　21cm=64段

	表目
	裏目

ねじり編み右上3目一度

3 = 裏目、かけ目、裏目の
3目の編み出し増し目

KFBの増し目

ねじり目の増し目

※( )内は、No.22の段数

オールドシェール模様のふんわり帽子 No.43, No.44, No.45 → P.44-45

かけ目と裏目の2目一度が作る模様で、ふんわりとしたシルエットになります。
糸の太さを変えて大人用と幼児用を作りました。

糸 … No.43 ショッペル　グラディエント　ピンク、ブルー系の段染め(2357) 75g
　　　No.44 オリムパス　ツリーハウスベリーズ　グレイッシュピンク(203) 80g
　　　No.45 パピー　レッチェ　グリーン、イエロー系段染め(413) 40g
針 … No.43 7号5本棒針、輪針
　　　No.44 8号5本棒針、輪針
　　　No.45 5号5本棒針、輪針
用具 … 棒針キャップ　とじ針
ゲージ … 模様編み　No.43、No.44　22.5目、28段が10cm角
　　　　　　　　　　No.45　25.5目、33段が10cm角
でき上がり寸法 … No.43、No.44　頭周り53cm　深さ23cm
　　　　　　　　　No.45 頭周り47cm　深さ19cm

◎ 編み方
伸縮性のある作り目(P.52参照)で120目作り目をして輪にし、2目ゴム編みで10段
編み、続けて図のように3段めで増し目をして180目にし、模様編みで34段めまで
編みます。35段めから図のように減らし目をしながら模様編みで編みます。編み
終わりの15目に糸を通して絞ります。
直径3cmのポンポンを作って(P.54参照)、つけます。

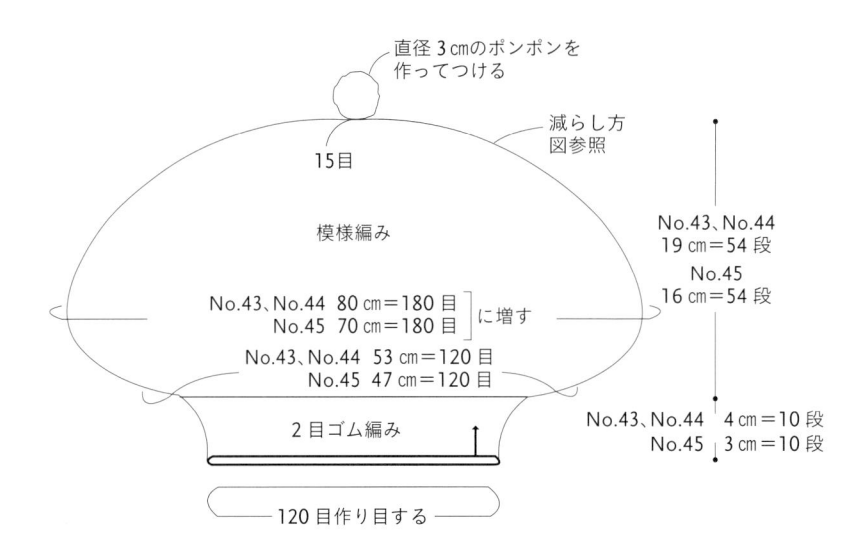

直径3cmのポンポンを作ってつける

減らし方
図参照

15目

模様編み

No.43、No.44
19cm＝54段
No.45
16cm＝54段

No.43、No.44　80cm＝180目
No.45　70cm＝180目 } に増す
No.43、No.44　53cm＝120目
No.45　47cm＝120目

2目ゴム編み

No.43、No.44　4cm＝10段
No.45　3cm＝10段

120目作り目する

模様編み 記号図と減らし方

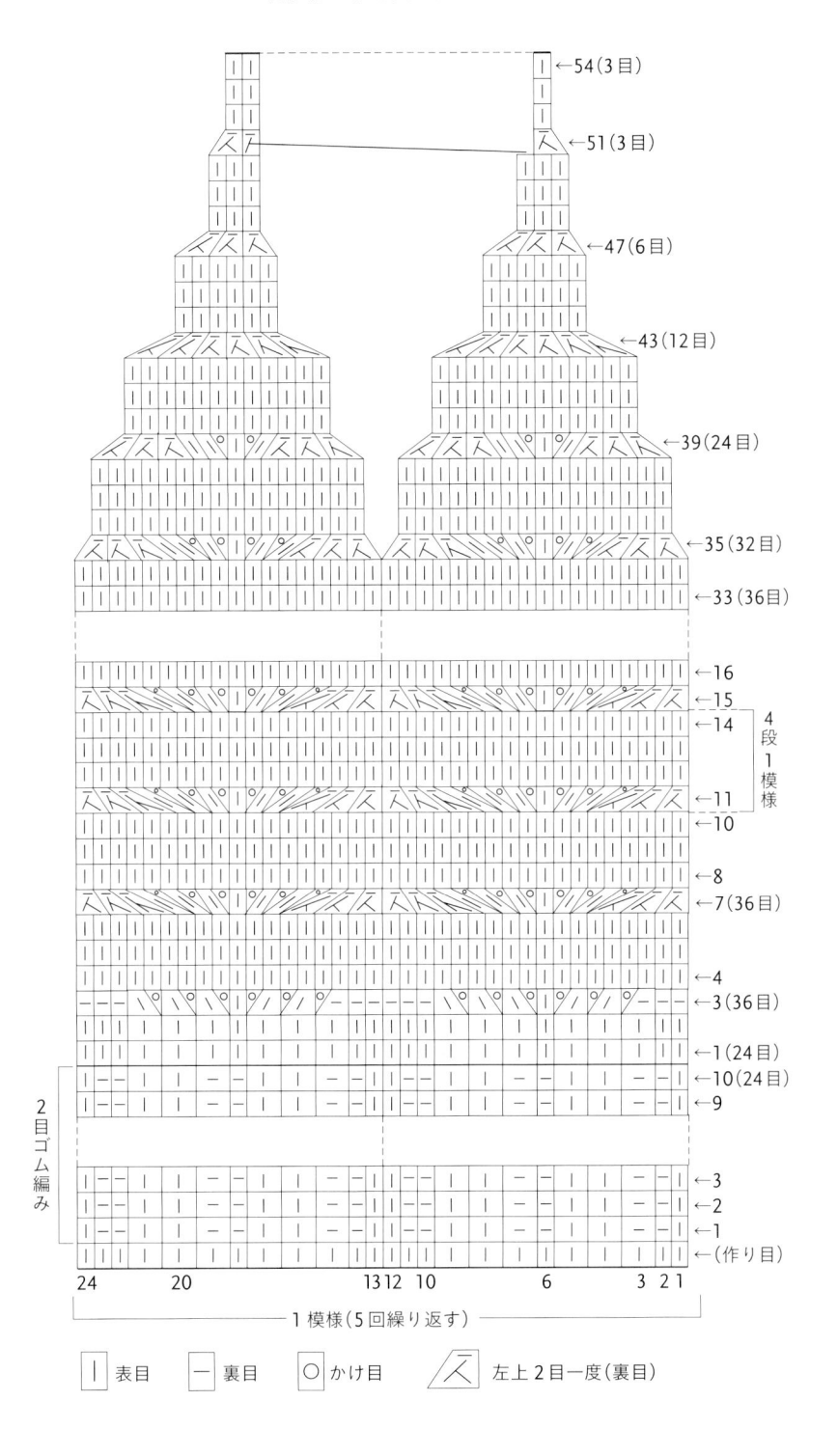

	表目		裏目		かけ目		左上2目一度(裏目)

ふくろう模様の帽子 No.46 → P.46-47

2目交差編みを組み合わせて、ふくろうのシルエットの模様にしました。

糸 … パピー　ブリティッシュエロイカ　淡茶(200) 65g
付属品 … 直径9mmのプラスナップ　ベビーイエロー　20個(または2個)
針 … 8号5本棒針、輪針
用具 … 棒針キャップ　とじ針　縄編み針
ゲージ … 模様編み　20目＝10cm、19段＝7cm
　　　　　メリヤス編み　20目＝10cm、21段＝9cm
でき上がり寸法 … 頭周り50cm　深さ19cm

◉編み方
伸縮性のある作り目(P.52参照)で100目作り目をして輪にします。1目ゴム編みを6
段編みます。続けて模様編みで19段編みますが11段めで90目に減らします。メリ
ヤス編みを増減なく3段編み、続けて図のように減らし目をしながらメリヤス編み
で21段編みます。編み終わりの10目に糸を通して絞ります。
直径4cmのポンポンを作って(P.54参照)、つけます。
指定の位置にプラスナップをつけます。

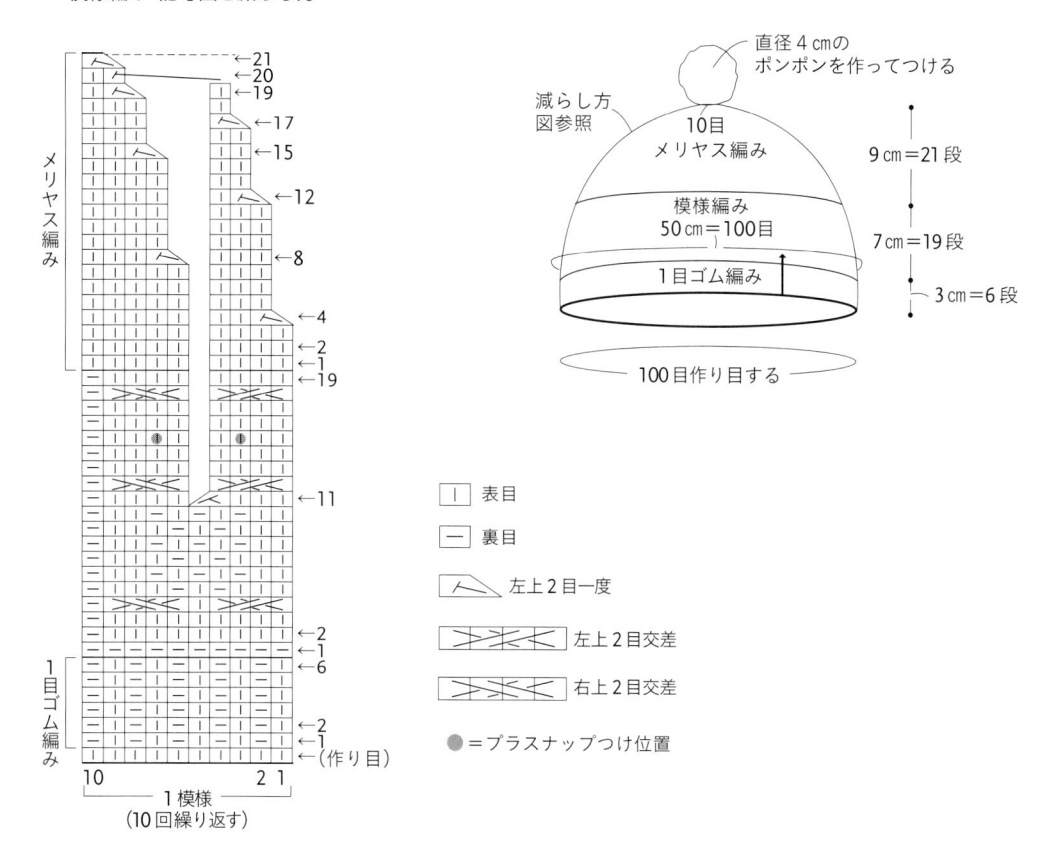

模様編み　記号図と減らし方

$\boxed{I}$	表目	
$\boxed{-}$	裏目	
左上2目一度		
左上2目交差		
右上2目交差		

●＝プラスナップつけ位置

Royal Hat

ロイヤルハット No.47, No.48 → P.48-49

折り返し部分の王冠のような模様が可愛い帽子。
折り返し位置で編み地を裏返して編み進めます。

糸 … パピー　プリンセスアニー
　　No.47　a色：からし色(551) 25g　b色：白(502) 30g
　　No.48　a色：ブルー(558) 25g　b色：白(502) 30g
針 … 5号5本棒針、輪針
用具 … 棒針キャップ　とじ針
ゲージ … 模様編み21目＝10cm　19段＝8cm
　　　　　メリヤス編み　21目、32段が10cm角
でき上がり寸法 … 頭周り47.5cm　深さ15.5cm

○ 編み方
a色で伸縮性のある作り目(P.52参照)で200目作り目をして輪にし、模様編みで減らしながら19段編みます。続けて編み地を裏返して裏側を表にして、b色でメリヤス編みを30段編みます。図のように減らし目をしながら49段めまで編み、編み終わりの10目に糸を通して絞ります。
a色で直径4cmのポンポンを作って(P.54参照)、つけます。

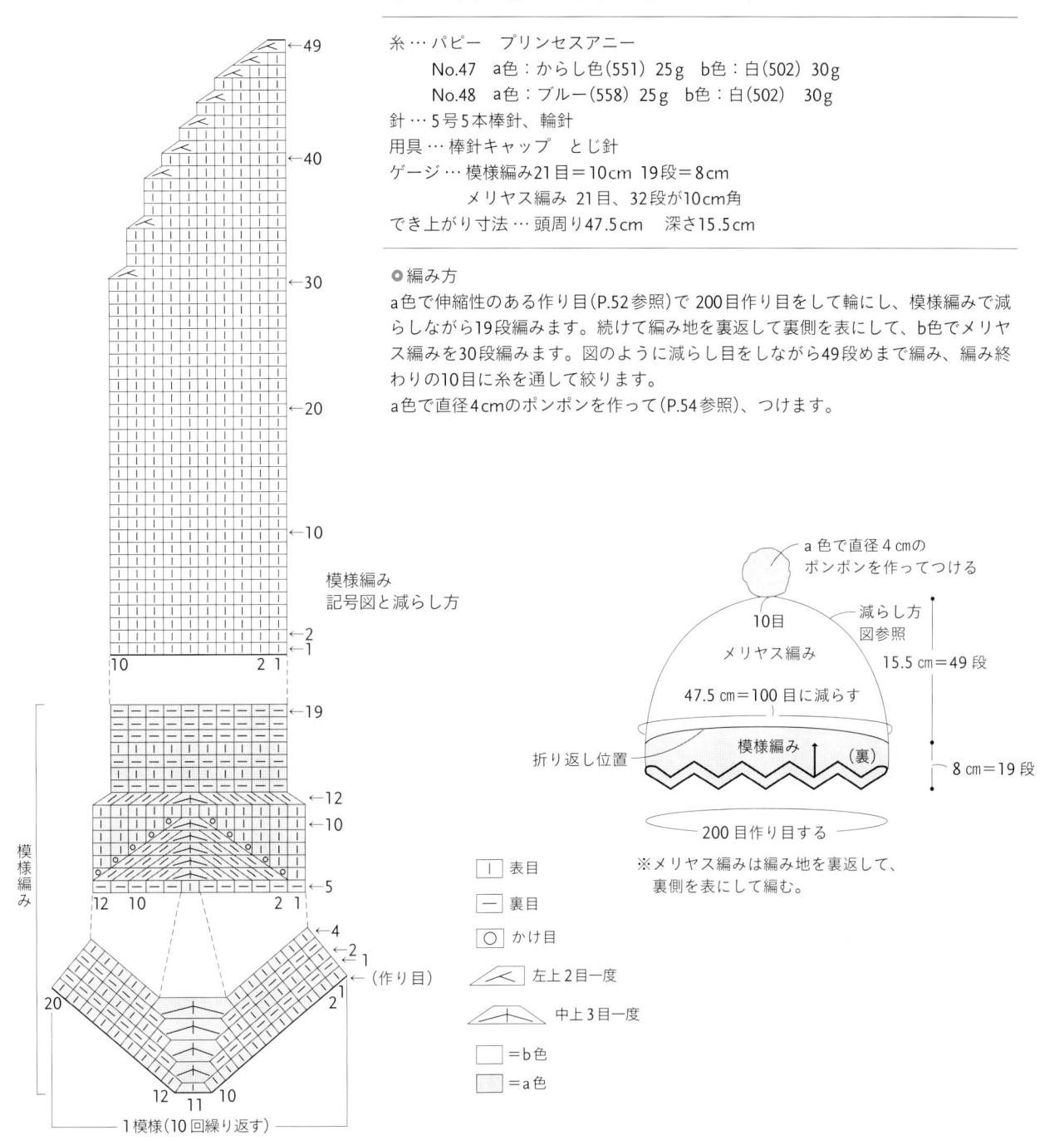

模様編み
記号図と減らし方

a 色で直径4cmの
ポンポンを作ってつける

10目
メリヤス編み
減らし方
図参照
15.5 cm＝49 段

47.5 cm＝100 目に減らす

折り返し位置
模様編み
（裏）
8 cm＝19 段

200 目作り目する

※メリヤス編みは編み地を裏返して、
　裏側を表にして編む。

	表目
	裏目
	かけ目
	左上2目一度
	中上3目一度
	＝b色
	＝a色

模様編み

1模様（10回繰り返す）

棒針編みの編み目記号の編み方

編み目を知って、もっと編み物を楽しみましょう。

表目 | |

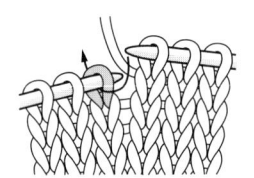 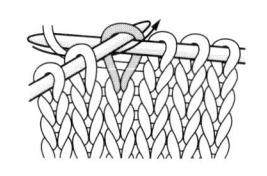 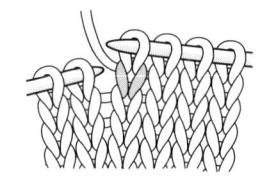

1 糸を向こう側におき、右針を矢印のように入れます

2 右針に糸をかけて、手前側に引き出します

3 表目のでき上がり
1段下(針にかかっている目の下)に編み目ができます

裏目 | — |

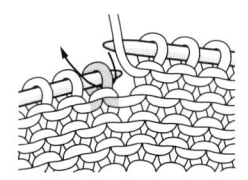  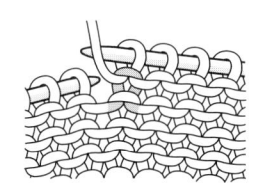

1 糸を手前側におき、右針を矢印のように向こう側から入れます

2 右針に糸をかけて、向こう側に引き出します

3 裏目のでき上がり
1段下(針にかかっている目の下)に編み目ができます

ねじり目

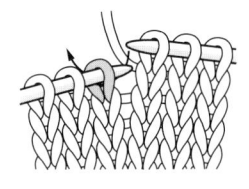 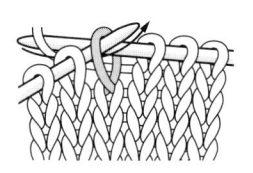 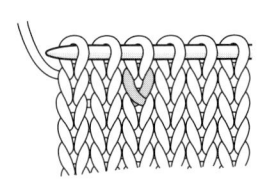

1 右針を矢印のように入れます

2 表目と同様に編みます

3 1段下の目がねじれます

かけ目 〇

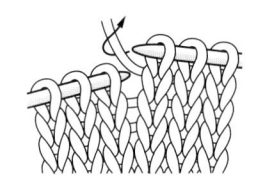 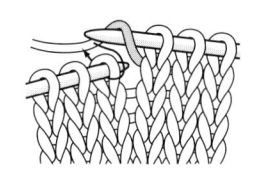 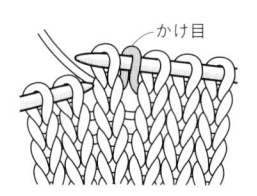 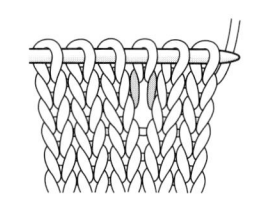

1 右針を糸の向こう側からすくうようにしてかけます

2 右針にかけた糸がはずれないようにして、次の目を編みます

3 針にかかった目が、かけ目です

4 次の段を編むと、かけ目のところに穴があきます

左上2目一度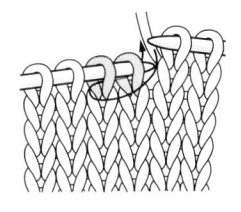

 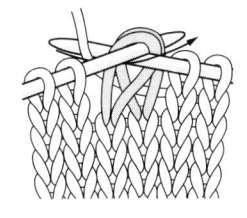 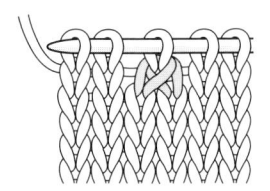

1 右針を2目の手前側から一度に入れます

2 2目一度に表目を編みます

3 1段下の左の目が右の目の上に重なります

右上2目一度

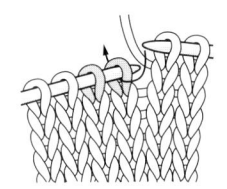 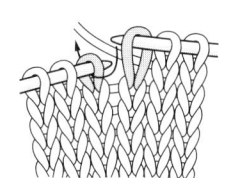 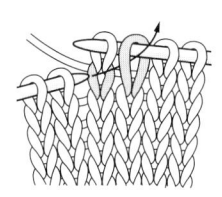 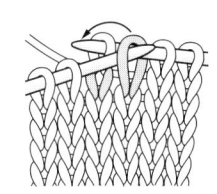 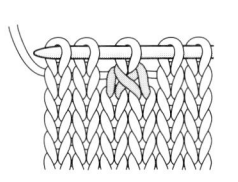

1 右針を手前側から入れて、編まずに移します

2 次の目を表目で編みます

3 左針を矢印のように入れます

4 編んだ目にかぶせます

5 1段下の左の目の上に右の目が重なります

左上2目一度（裏目）

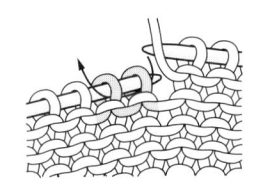 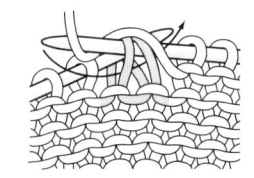 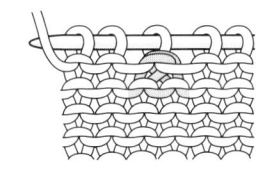

1 右針を2目の向こう側から一度に入れます

2 2目一度に裏目を編みます

3 1段下の左の目が右の目の上に重なります

右上2目一度（裏目）

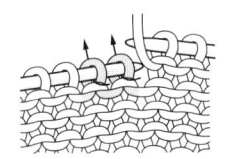 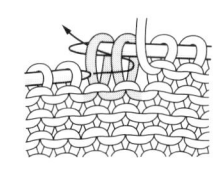 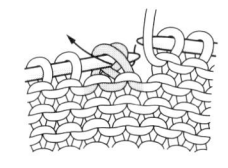 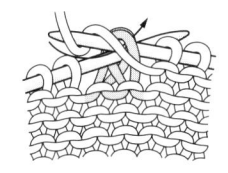 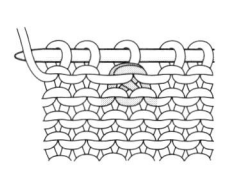

1 右針を矢印のように入れて、編まずに2目を移します

2 左針を矢印のように一度に入れて2目を移します。目の順序が入れかわります

3 右針を矢印のように入れます

4 裏目を編みます

5 1段下の左の目の上に右の目が重なります

左上1目交差

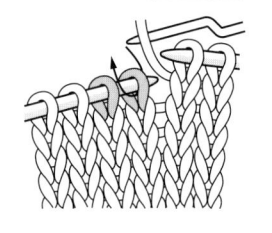 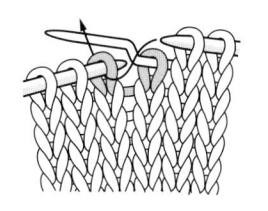 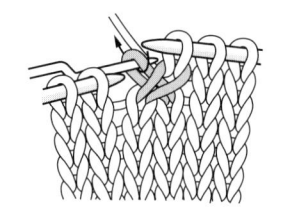 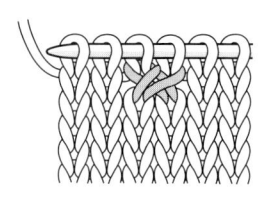

1 別針に1目とり、向こう側におきます

2 次の目を表目で編みます

3 別針の目を表目で編みます

4 1段下の左側の目が上に交差します

右上1目交差

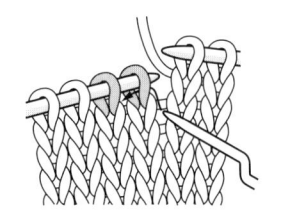 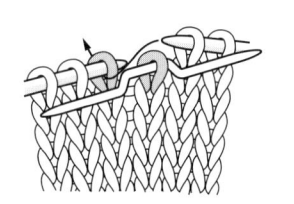 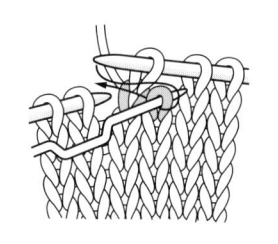 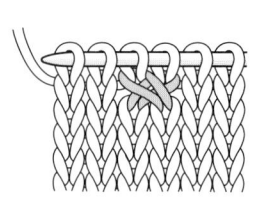

1 別針を目の向こう側から入れて1目とり、手前側におきます

2 次の目を表目で編みます

3 別針にとった目を表目で編みます

4 1段下の右側の目が上に交差します

左上2目交差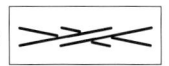

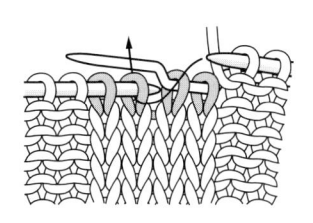 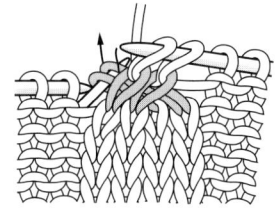 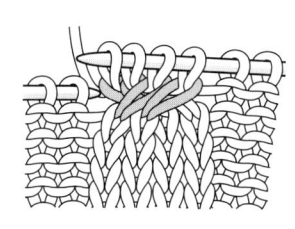

1 1目めと2目めを別針にとり、向こう側におきます。3目めと4目めを表目で編みます

2 別針の1目めと2目めを表目で編みます

3 1段下の左側の2目が上に交差します

ドライブ編み（3回巻き）

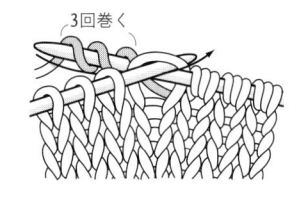 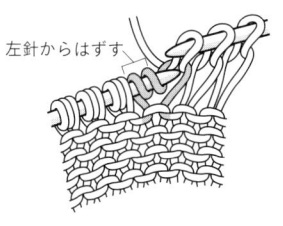

1 表目を編むように針を入れ、針に糸を3回巻きつけて引き出します

2 次の段は、巻きつけた糸をはずして、伸ばしながら編みます

中上3目一度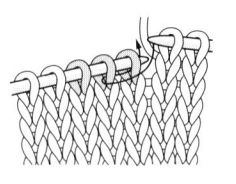

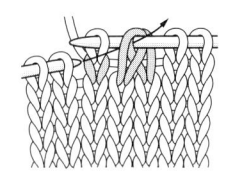 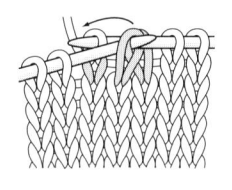 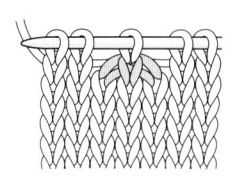

1 矢印のように針を入れ、2目を一度に右針に移します

2 次の目を表目で編みます

3 移した2目に左針を入れます

4 編んだ目に2目をかぶせます

5 1段下の中央の目が上に重なります

右上3目一度

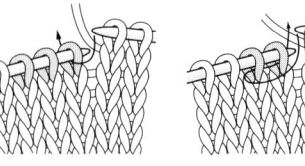 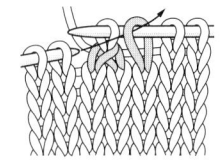 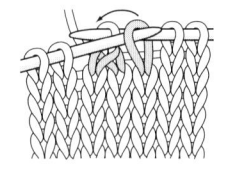 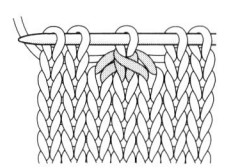

1 1目めを編まずに右針に移します

2 次の2目を左上2目一度に編みます

3 1目めに左針を入れます

4 編んだ目にかぶせます

5 1段下の右端の目が上に重なります

ねじり編み右上3目一度

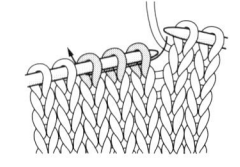 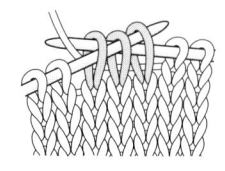 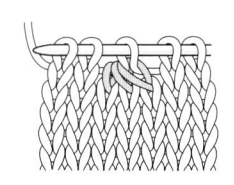

1 右針を矢印のように入れ、3目一度にすくいます

2 表目を一度に編みます

3 1段下の右端の目が一番上に重なり、3目ともねじり目になります

編み出し増し目（5目）

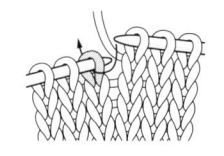  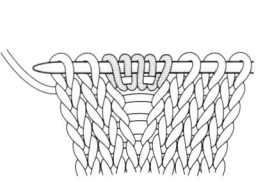

1 表目を編みます

2 左針に目をかけたまま、かけ目、続けて同じ目に表目、かけ目、表目を編みます

3 1目から5目編み出します

左上5目一度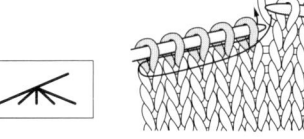

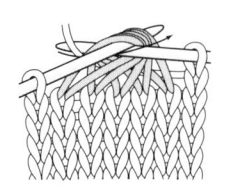 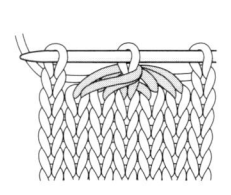

1 右針を矢印のように入れ、5目一度にすくいます

2 表目を一度に編みます

3 1段下の左端の目が一番上に重なります

引き上げ目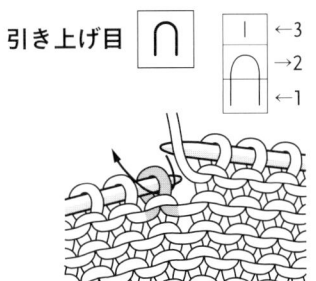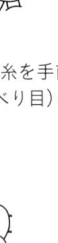

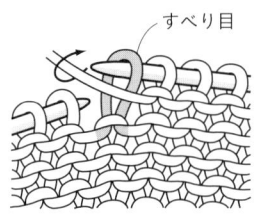 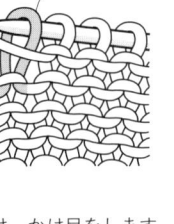 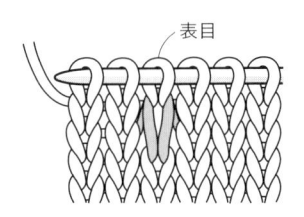

1 2段めは裏側を見て編みます。糸を手前にして、編まずに右針に移し(すべり目)ます

2 右針に糸をかけ、かけ目をします

3 次の目から普通に編みます

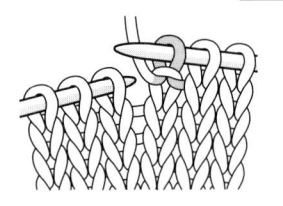 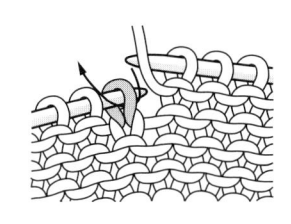 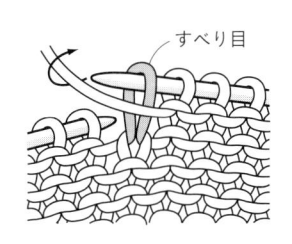

4 すべり目とかけ目の、この状態が引き上げ目の裏側です

5 3段めは表側を見て編みます。前段のすべり目とかけ目を一緒に編みます

6 引き上げ目の次の段を表目で編んだ状態

引き上げ目(裏目)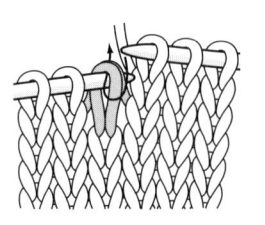

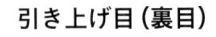 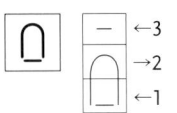

1 1段めは裏目で編みます

2 2段めは裏側を見て編みます。編まずに右針に移し(すべり目)ます

3 かけ目をします

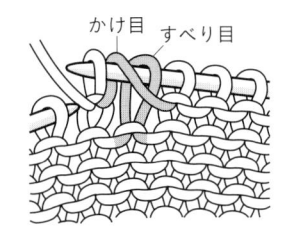 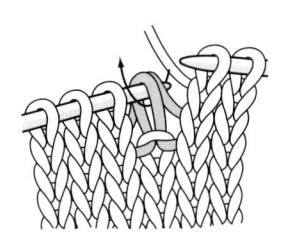 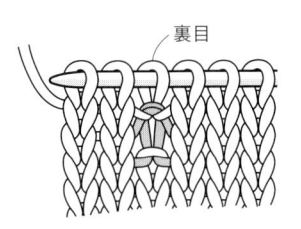

4 次の目から普通に編みます

5 3段めはかけ目とすべり目を一緒に裏目で編みます

6 引き上げ目の次の段を裏目で編んだ状態

ねじり増し目（目と目の間の渡り糸をねじる方法）

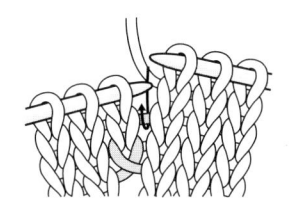

1 増し目する位置まで編み、前段の目と目の間の渡り糸を右針ですくう

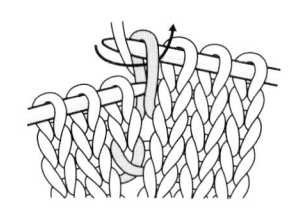

2 右針に糸をかけて編む

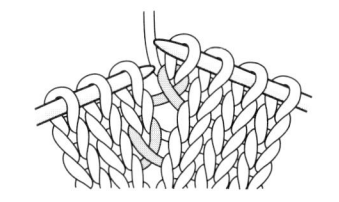

3 渡り糸がねじれて、1目増えました

すべり目（裏目）（1段の場合）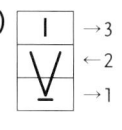

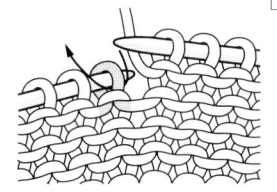

1 1段めは裏目に編み、2段めは糸を向こう側におき、右針を向こう側から入れて、編まずに目を移します

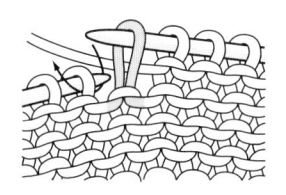

2 次の目からは裏目（記号図通りの編み目）を編みます

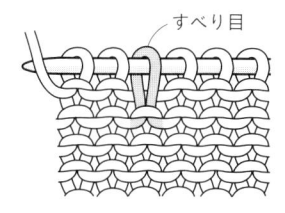

3 1段のすべり目が編めたところ　記号の下の段の目だけが引き上がり、裏側に糸が渡っています

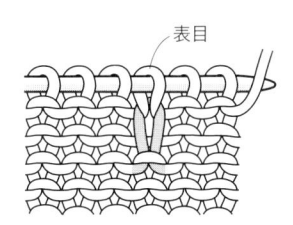

4 3段め。すべり目の次の段を、表目に編んだ状態

本書に掲載する作品作りを手伝ってくださった方々に
心からお礼を申し上げます。
浅野安由さん、植原のり子さん、打田京子さん、岡田京子さん、
小室弘子さん、後藤敬子さん、板垣洋子さん、高橋ちほさん、
塚田有紀子さん、太箸文子さん、益田安子さん、柳みゆきさん、
本当にありがとうございました。

ベルンド・ケストラー

素材の入手先

★柳屋(ヤナギヤーン)
TEL 058-201-4444
www.rakuten.ne.jp/gold/yanagiya
ケストラーさんのオリジナル糸「Bloom」シリーズ、
ショッペルの毛糸も取り扱っています。

★オリムパス製絲株式会社
TEL 052-931-6679
www.olympus-thread.com/

★株式会社 元廣(スキー毛糸)
TEL 03-3663-2151
www.skiyarn.com

★株式会社 ダイドーフォワード パピー事業部
TEL 03-3257-7135
www.puppyarn.com

★横田株式会社・DARUMA
TEL 06-6251-2183
www.daruma-ito.co.jp/

●ベルンド・ケストラーのオフィシャルサイト
http://berndkestler.com

写真　ライアン・スミス
編集協力　相馬素子
ブックデザイン　縄田智子(L'espace)
イラスト、図版　飯島満　田中利佳
スタイリング　池水陽子
ヘア＆メイク　梅沢優子
モデル　ケルク・ハナ　シェーン・真人
　　　　ベルンド・ケストラー
　　　　荻野麻百合　井上拓海
校正　梶田ひろみ
編集　飯田想美

編みやすくて、フィット感抜群の
ベルンド・ケストラーのニット帽

発行日　2018年10月15日　初版第1刷発行
　　　　2020年10月10日　　　第3刷発行

著　者　ベルンド・ケストラー
発行者　秋山和輝
発　行　株式会社世界文化社
　　　　〒102-8187
　　　　東京都千代田区九段北4-2-29
　　　　電話 03-3262-5118(編集部)
　　　　　　 03-3262-5115(販売部)
印刷・製本　凸版印刷株式会社
DTP製作　株式会社明昌堂
© Bernd Kestler, 2018. Printed in Japan
ISBN978-4-418-18419-4